봄·여름·가을·겨울
꽃자수 187

Flower Motif of Embroidery

정원을 즐기듯이
자수로 사계절 꽃을
피워 보세요

이 책은 수예 카탈로그 〈쿠츄리에(Couturier)〉에서 15년 이상 사랑받아 온 '갓 딴 꽃과 나무 열매 샘플러 자수 액자 컬렉션'의 자수 디자인 187점을 집대성한 것이에요. 정원에서 지금 막 딴 듯한 싱싱한 화초의 사랑스러운 자수 디자인은 수많은 작품과 책을 발표한 자수 디자이너이자 가드너인 아오키 카즈코 씨의 작품입니다. 아오키 씨는 처음 디자인을 할 때부터 자수 초심자가 수월하게 시작하도록 하고 싶어서, 누구나 만들 수 있는 작품, 같은 꽃이라도 더 쉽게 수놓을 수 있는 작품을 표현해 왔습니다. 손바닥만 한 작은 액자에 자수의 즐거움과 식물, 정원을 향한 깊은 애정을 한가득 담은, 세상 어디에도 없는 특별한 자수입니다. 넓은 정원이 없어도 여러분의 손으로 생활 속에 사계절 꽃을 피우거나, 자수로 아름다운 정원을 즐길 수 있습니다. 그런 깊고 넓은 자수의 세계를 이 한 권의 책으로 시작해 보세요.

"제가 자수를 계기로 원예를 시작했듯이
여러분도 이 책을 통해 자신의 세계를 넓혀 보세요."

저의 아틀리에는 사계절 내내 꽃이 피는 아름다운 정원 한편에 있어요. 큰 지붕창에서 자연광이 듬뿍 들어오는 이곳에서 해가 떠 있는 동안에만 일을 하는 느긋한 방식이 제 스타일이에요. 자기의 리듬을 소중히 여기면서 자연에서 받은 영감을 바탕으로 디자인하는 스타일은 스웨덴 유학 시절에 익힌 것입니다. 바쁜 일상에서 받는 자극도 중요하지만, 번뜩임과 아이디어는 멍하니 편하게 있을 때 떠오르죠. 정원을 테마로 한 대형 자수 태피스트리 작업을 계기로 원예를 시작했습니다. 자수로 배색을 시뮬레이션한 뒤 실제로 정원에 꽃을 심거나, 새와 곤충이 가져다준 씨앗에서 자란 의외의 식물 덕분에 자수에 대한 상상력이 커져요. 저에게 자수와 원예는 어느 하나 빠뜨릴 수 없는 소중한 라이프 워크예요. 여러분도 이 책을 계기로, 수놓은 꽃을 실제로 키워서 즐거움의 폭과 자신의 세계를 쑥쑥 넓히면 좋겠습니다.

화초의 생명이 자수로 다시 태어날 때

자수를 계기로 원예를 시작하였습니다. 책을 읽고 정보를 찾아보며 제 방식대로 씨앗을 뿌려 모종을 키우고, 화분에 옮겨 심어서 다시 씨앗을 수확합니다. 자연의 순환을 소중히 하는 유기농 방식의 정원에는 곤충과 새가 놀러 오고, 반려묘가 산책을 하러 오지요. 그런 느긋한 시간 속에서 이 책의 자수 디자인이 태어났습니다.

만남

저에게 정원은 영감의 원천입니다. 매일같이 표정을 바꾸는 화초와 만나면서 작품 모티프가 태어나지요. 자수에서 강한 색깔을 사용하면 정원에도 강한 색깔의 꽃이 늘어나요. 자수로 이미지를 스케치한 다음 정원에 꽃을 심는 경우도 많아요. 여러분도 자수와 꽃을 모두 즐기면 좋겠어요.

스케치

평소에는 그렇게 세세히 스케치하지는 않아요. 형태만 쓱 그리고 색깔은 자수 실에서 고르지요. 꽃이 피지 않는 시기에 자수를 많이 놓으므로 '비밀 노트'라고 부르는 아이디어 북에 그때그때 떠오른 색깔을 기록해 두면 실제로 수놓을 때 실마리가 됩니다.

자수

도안이 작으면 디자인이 더 어려워요. 색상이 한정적이고, 단순할수록 센스가 요구되니까요. 제 도안은 초심자를 위한 것이라서 기본 스티치만으로 수월하게 수놓을 수 있지요. 심플하니까 초심자는 수놓기 쉽고, 중상급자는 더 예쁘게 수놓도록 고민하게 만들어요. 같은 도안이라도 수놓는 사람에 따라 완성도도 즐기는 법도 달라지는 것이 자수의 재미있는 부분이랍니다.

자수로 즐기는 사계절 정원

Spring

정원의 꽃을 따서 작은 꽃병에 장식하듯이
손바닥만 한 파우치에 봄꽃을 피워 보아요.
가방 안이나 외출한 곳에서 눈에 띌 때마다
부드러운 봄 햇살 같은 미소를 띠게 될 거예요.

Pouch
봄 파우치

스위트피, 미모사, 은방울꽃까지 몇 개를 가지고 있어도 기분 좋은 귀여운 꽃 파우치예요. 꽃말을 곁들여 새로운 생활을 시작하는 소중한 이에게 선물하면 어떨까요?

Summer

생명력 넘치는 여름 정원은 영감의 원천이에요.
해가 길어진 덕분에 온종일 자수를 놓고 싶어져요.
정원에서 딴 허브로 잠시 티타임을 가져 봅니다.
마음이 가는 대로 바늘을 움직이며
여름의 행복한 한때를 즐겨 보세요.

Apron
허브 앞치마
앞치마에 딜, 라벤더, 캐모마일, 히솝, 타임을
수놓았어요. 허브를 수놓은 앞치마를 보면
원예와 가든파티를 향한 마음이 커져서
여름 정원으로 저절로 발길이 향합니다.

Autumn

나무 열매와 잎이 물들고 가을꽃이
고즈넉이 피는 정원은 세련된 여성을
떠오르게 해요. 사진의 초콜릿코스모스는
자수 도안으로 알게 됐어요.
실제 꽃도 보고 싶어서
이번에 정원에 심으려고 해요.

Bag / Book cover
가방과 북 커버

초콜릿이 떠오르는 향과 시크한 꽃 색깔에서
그 이름이 유래한 초콜릿코스모스를 수놓아
독서의 계절 가을에 꽃을 더합니다.

Winter

정원에서 꽃들이 모습을 감추는 겨울에야말로
화사한 자수로 일상에 색을 더하고 싶어요.
한 땀 한 땀 생명을 꽃피운 자수 꽃들을 보면,
산타는 저도 모르게 눈이 휘둥그레질 거예요.

Doily / Greeting card

도일리와 크리스마스카드

크랜베리를 리스처럼 줄지어 수놓은 도일리예요.
호랑가시나무와 크리스마스로즈 자수를
우표처럼 붙인 카드도 만들었어요.
마음을 담은 자수로 메리 크리스마스!

자수를 통해서 처음 보는 꽃과 만나거나
낯익은 꽃의 예상치 못한 표정을 발견하기도 합니다.
같은 자수 도안이라도 수놓는 사람에 따라
다른 느낌으로 완성된다는 점도 자수의 매력입니다.
실제 꽃 모습이 물, 빛, 기온에 따라 달라지는 것처럼요.
봄·여름·가을·겨울 꽃자수 디자인을 토대로 하여
당신만의 자수 꽃을 각양각색으로 피워 보세요.

Contents

- 18 초봄
- 34 봄
- 53 초여름
- 76 여름
- 93 가을
- 107 겨울

- 115 자수의 기본 준비물
- 116 자수의 기본 예쁘게 수놓는 포인트
- 118 자수의 기본 스티치 종류·수놓는 법
- 120 활용 예
- 125 편집 후기
- 127 에필로그

※ 개화와 결실 시기는 지역이나 품종에 따라 다릅니다. 개화 기간이 긴 꽃도 있으므로 각 식물 이미지에 어울리는 계절에 배치했습니다.
※ 각 계절마다 작품이 제작된 순으로 도안을 실었습니다. 색깔이나 스티치를 달리해서 같은 꽃이 중복해 등장하는 경우가 있습니다.
※ 등장하는 꽃 이름은 국가표준식물목록을 참고하여 친숙한 영명·국명·학명·속명·별칭 등을 선별해 기재했습니다.

일러두기

도안은 실물 크기입니다.
①과 같은 숫자는 수놓는 순서입니다.
스티치는 'S'로 생략해 표기했습니다.

자수 실

자수 실은 코스모(COSMO) 자수 실을 사용했습니다.
스티치 이름 뒤에 붙은 ( ) 안의 숫자는
코스모 자수 실의 색 번호입니다.
특별히 지정하지 않은 때에는 **25번** 자수 실을 사용합니다.
5번 자수 실은 '**5번**'이라고 표기했습니다.
25번 자수 실은 특별히 지정하지 않은 때에는 **3가닥**으로 수놓습니다.
5번 자수 실은 모두 **1가닥**으로 수놓습니다.

리본

리본은 3.5mm 폭의 자수용 리본을 사용합니다.
작품 사진을 참고해 마음에 드는 색으로 수놓아 주세요.

비즈

소형 또는 대형 둥근 비즈를 사용합니다.
작품 사진을 참고해 마음에 드는 색으로 수놓아 주세요.

※ 준비물과 수놓는 법 등 자세한 내용은 115~119쪽을 참고합니다.

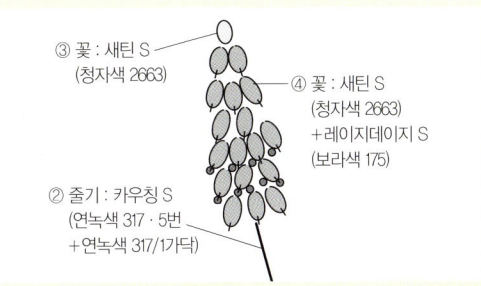

③ 꽃 : 새틴 S (청자색 2663)
④ 꽃 : 새틴 S (청자색 2663) + 레이지데이지 S (보라색 175)
② 줄기 : 카우칭 S (연녹색 317·5번 + 연녹색 317/1가닥)

※ 자수 실은 색깔에 따라 생산이 중단될 수도 있습니다.
  그럴 때에는 비슷한 색깔로 대체해 수놓아 주세요.

 이 책에서 소개하는 모든 자수 도안은
아래 사이트에서 다운로드해 프린트할 수 있습니다.
http://www.felissimo.co.jp/s/187shisyu/

【저작권에 관해】
· 이 책에 게재된 사진, 자수 도안 및 자수 방법(이하 '설명서'로 총칭)은 저작권법에 의해 보호를 받습니다.
· 이 책 및 설명서를 사적으로 사용하는 등의 저작권법, 그 밖의 법률에 의해 허락된 경우를 제외하고는 무단전재, 복제, 공중송신(송신 가능화도 포함), 판매, 대여하는 행위는 금지되어 있습니다.
· 이 책 및 이 책에 근거해 제작한 작품을 인터넷 사이트, 옥션, 상점 또는 프리마켓 등에서 영리 목적으로 판매하는 것을 금합니다.
· 위와 같은 위반 행위를 했을 때에는 저작권법, 그 밖의 법률에 근거해 법적 조치를 취할 수 있다는 점에 미리 양해를 구합니다.

초봄

Spring

정원 한구석에서 조용히 피는
작은 꽃을 발견한 순간,
봄이 시작되었음을 느낍니다.
그 모습에는 아직 자신의 매력을
알아차리지 못한 소녀 같은
순수한 아름다움이 담겨 있습니다.

1 비올라 (보라색)
Viola

⑨ 꽃 중심 : 프렌치너트 S (황록색 118)
⑥ 꽃잎 : 롱 앤드 쇼트 S (진한 보라색 667A)
⑤ 꽃잎 무늬 : 스트레이트 S (진한 보라색 667A/2가닥)
③ 꽃잎 : 롱 앤드 쇼트 S (보라색 175)
④ 꽃잎 무늬 : 새틴 S (노란색 702)
⑧ 잎 : 레이지데이지 S (녹색 119)
⑦ 꽃봉오리 : 새틴 S (진한 보라색 667A)
② 잎 : 백 S (녹색 119)
⑩ 글자 : 백 S (회색 894/2가닥)
⑪ 글자 : 프렌치너트 S (회색 894/2가닥)
① 줄기 : 아우트라인 S (황록색 118)

매년 다양한 종류의 비올라 씨앗을 뿌리는데, 언제나 마음이 끌리는 것은 원종 비올라입니다. '하트시즈'라고도 부르는 삼색제비꽃으로 북유럽이 원산지예요.

※ 코스모 자수 실 25번을 사용하고, 별다른 지시가 없으면 '3가닥'으로 수놓습니다.

Early Spring

2. 은방울꽃 (a)
Lily of the valley

③ 잎 : 아우트라인 S
(녹색 120)

④ 꽃잎 : 레이지데이지 S
(흰색 100)

② 줄기 : 스트레이트 S
(황록색 2118)

⑤ 꽃 끝부분 : 비즈(작은 원형·흰색)
(흰색 100/1가닥)

⑥ 글자 : 백 S
(회색 894/2가닥)

① 줄기 : 아우트라인 S
(황록색 2118)

은방울꽃은 계절이 돌아올 때마다 심을까 말까 고민하는 꽃 중 하나예요. 녹색 망토 같은 잎과 흰색 종 모양의 꽃이 멋져요. 좋은 향을 풍기므로 향수의 원료로 사용돼요. 제가 동경하는 꽃이에요.

3. 미모사 (a)
Mimosa

초봄

④ 꽃 : 프렌치너트 S
(노란색 300)

⑤ 꽃봉오리 : 프렌치너트 S
(연한 황록색 324)

② 줄기 : 스트레이트 S
(황록색 2118)

③ 잎 : 스트레이트 S
(녹색 318)

① 줄기 : 아우트라인 S
(황록색 2118)

⑥ 글자 : 백 S
(회색 716/2가닥)

미모사는 섬세한 생김새와는 달리 거목으로 자랍니다. 꽃 피는 시기가 가까워지면 나무가 노란색 안개에 둘러싸인 듯 보이며, 그 뒤에 풍성한 꽃을 피웁니다.

※ 각 계절마다 작품이 제작된 순으로 도안을 실었습니다. 색깔이나 스티치를 달리해서 같은 꽃이 중복해 등장하는 경우가 있습니다.

Early Spring

④ 스위트 바이올렛
Sweet Violet

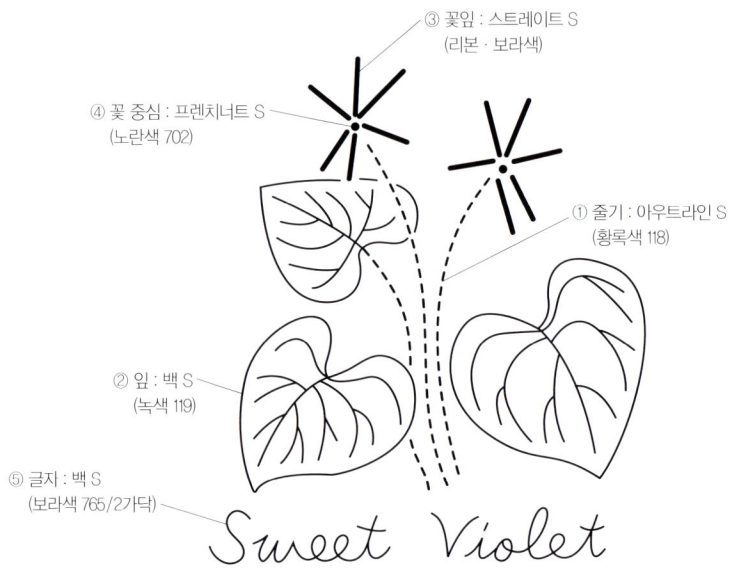

③ 꽃잎 : 스트레이트 S
(리본 · 보라색)

④ 꽃 중심 : 프렌치너트 S
(노란색 702)

① 줄기 : 아웃라인 S
(황록색 118)

② 잎 : 백 S
(녹색 119)

⑤ 글자 : 백 S
(보라색 765/2가닥)

스위트 바이올렛은 봄에 피는 가련한 꽃이 근사하지만, 꽃이 없는 시기에도 하트 모양의 잎을 즐길 수 있어요. 작은 꽃에서 강한 향이 나는데, 어릴 때 소중히 여기던 종이비누 향과 같아서 정겹게 느껴져요.

⑤ 스위트 알리섬
Sweet Alyssum

⑥ 꽃 중심 · 꽃봉오리 : 프렌치너트 S
(황록색 118)

⑤ 꽃잎 : 프렌치너트 S
(주황색 342)

③ 잎 : 새틴 S
(녹색 119)

④ 꽃잎 : 프렌치너트 S
(연주황색 2185)

② 줄기 : 백 S
(황록색 118/2가닥)

① 줄기 : 아웃라인 S
(황록색 118)

⑦ 글자 : 백 S
(회색 893/2가닥)

작은 별을 모아 놓은 듯한 이 꽃을 정원에서는 비올라나 팬지와 매치합니다. 에그 스탠드를 꽃병 삼아서 절화로 즐기면 좋아요. 그 모습이 너무도 귀엽답니다.

※ 코스모 자수 실 25번을 사용하고, 별다른 지시가 없으면 '3가닥'으로 수놓습니다. ※ 리본은 3.5mm 폭의 자수용 리본을 사용합니다.

Early Spring

6 아네모네
Anemone

④ 꽃잎/안쪽 : 롱 앤드 쇼트 S
(청자색 665)

⑤ 꽃 중심 : 새틴 S
(진한 남색 669A)

⑥ 꽃술 : 비즈(작은 원형 · 검은색)
(진한 남색 669A/1가닥)

③ 꽃잎/바깥쪽 :
롱 앤드 쇼트 S
(보라색 555)

② 꽃받침 : 레이지데이지 S
(녹색 318)

⑦ 글자 : 백 S
(회색 893/2가닥)

① 줄기 : 아우트라인 S
(황록색 118)

꽃집에서 꽃을 고를 때 흰색과 녹색 조합으로 고르는 경우가 많지만, 아네모네만은 파란색을 구입합니다. 꽃 중심의 검은색에 가까운 파란색과 조화를 이뤄서 어른스러운 분위기를 풍깁니다.

7 비올라 (노란색)
Viola

초봄

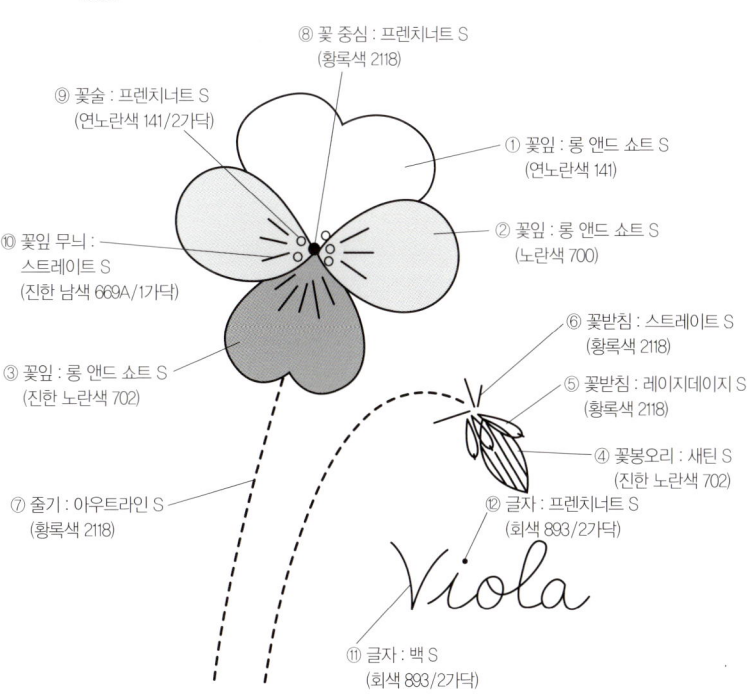

⑧ 꽃 중심 : 프렌치너트 S
(황록색 2118)

⑨ 꽃술 : 프렌치너트 S
(연노란색 141/2가닥)

① 꽃잎 : 롱 앤드 쇼트 S
(연노란색 141)

⑩ 꽃잎 무늬 :
스트레이트 S
(진한 남색 669A/1가닥)

② 꽃잎 : 롱 앤드 쇼트 S
(노란색 700)

③ 꽃잎 : 롱 앤드 쇼트 S
(진한 노란색 702)

⑥ 꽃받침 : 스트레이트 S
(황록색 2118)

⑤ 꽃받침 : 레이지데이지 S
(황록색 2118)

④ 꽃봉오리 : 새틴 S
(진한 노란색 702)

⑦ 줄기 : 아우트라인 S
(황록색 2118)

⑫ 글자 : 프렌치너트 S
(회색 893/2가닥)

⑪ 글자 : 백 S
(회색 893/2가닥)

정원에서 노란색을 사용하기는 어렵지만, 초봄 비올라의 노란색은 정원에서 활기를 느끼게 해 줍니다. 노란색에서 크림색으로 톤의 변화가 있는 종류를 선택하면, 다른 꽃과 쉽게 매치시킬 수 있습니다.

※ 각 계절마다 작품이 제작된 순으로 도안을 실었습니다. 색깔이나 스티치를 달리해서 같은 꽃이 중복해 등장하는 경우가 있습니다.

Early Spring

8 로즈메리
Rosemary

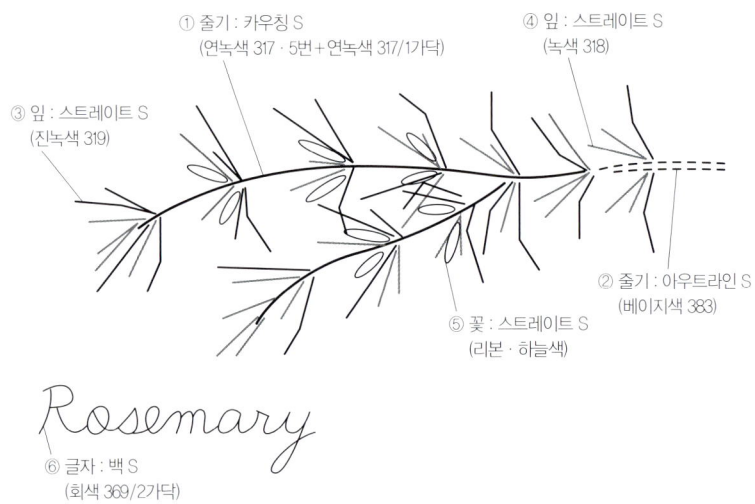

① 줄기 : 카우칭 S
(연녹색 317 · 5번＋연녹색 317/1가닥)

② 줄기 : 아웃라인 S
(베이지색 383)

③ 잎 : 스트레이트 S
(진녹색 319)

④ 잎 : 스트레이트 S
(녹색 318)

⑤ 꽃 : 스트레이트 S
(리본 · 하늘색)

⑥ 글자 : 백 S
(회색 369/2가닥)

대중적인 허브입니다. 상록성 작은 나무로서 화분과 땅에 심어 이제는 완전히 제 정원의 일부가 되었습니다. 지나갈 때마다 꽉 쥐어서 향기를 즐기는 습관이 들었습니다.

9 버지니아 스톡
Virginia Stock

① 잎 : 새틴 S
(녹색 119)

② 꽃봉오리 : 레이지데이지 S
(황록색 118)

③ 줄기 : 스트레이트 S
(황록색 118)

④ 줄기 : 아웃라인 S
(황록색 118)

⑤ 꽃잎 : 스트레이트 S
(리본 · 연분홍색)

⑥ 꽃잎 : 스트레이트 S
(리본 · 분홍색)

⑦ 꽃 중심/안쪽 : 프렌치너트 S
(황록색 118)

⑧ 꽃 중심/바깥쪽 : 레이지데이지 S
(에크루색 364)

⑨ 글자 : 백 S
(회색 715/2가닥)

⑩ 글자 : 프렌치너트 S
(회색 715/2가닥)

이른 봄부터 피기 시작하는 작은 분홍색 꽃입니다. 꽃이 피면서 점점 꽃잎은 보랏빛을 띱니다. 유채꽃과 같은 무리에 속하므로 꽃잎은 4장입니다.

※ 코스모 자수 실 25번을 사용하고, 별다른 지시가 없으면 '3가닥'으로 수놓습니다. ※ '5번'은 코스모 자수 실 5번을 가리킵니다. ※ 리본은 3.5mm 폭의 자수용 리본을 사용합니다.

Early Spring

10 스노우드롭 (a)
Snowdrop

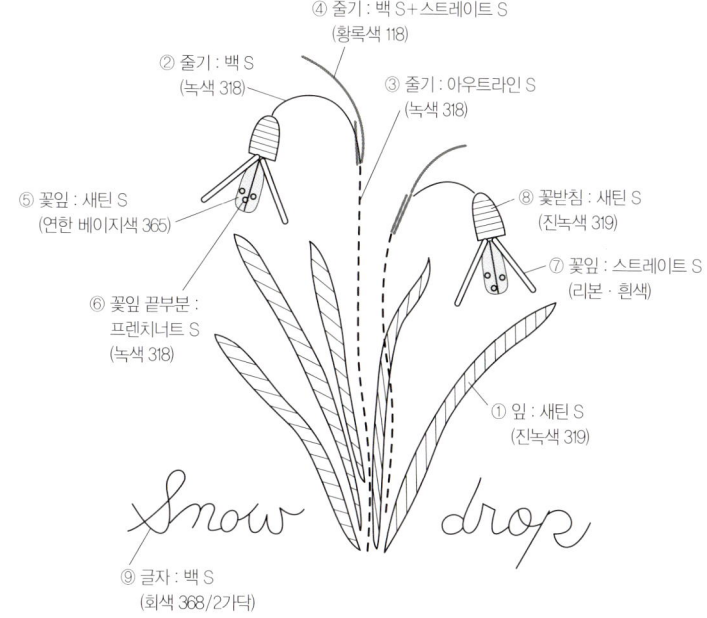

④ 줄기 : 백 S+스트레이트 S (황록색 118)
② 줄기 : 백 S (녹색 318)
③ 줄기 : 아우트라인 S (녹색 318)
⑤ 꽃잎 : 새틴 S (연한 베이지색 365)
⑧ 꽃받침 : 새틴 S (진녹색 319)
⑥ 꽃잎 끝부분 : 프렌치너트 S (녹색 318)
⑦ 꽃잎 : 스트레이트 S (리본·흰색)
① 잎 : 새틴 S (진녹색 319)
⑨ 글자 : 백 S (회색 368/2가닥)

스노우드롭은 봄에 가장 먼저 꽃을 피워요. 제 정원에서는 크리스마스 로즈 그루터기에 심었어요. 귀걸이 같은 사랑스러운 꽃이 피면 꽃철이 시작되었음을 알고 정원에 나가는 날을 기다려요.

11 스노우플레이크
Snowflake

초봄

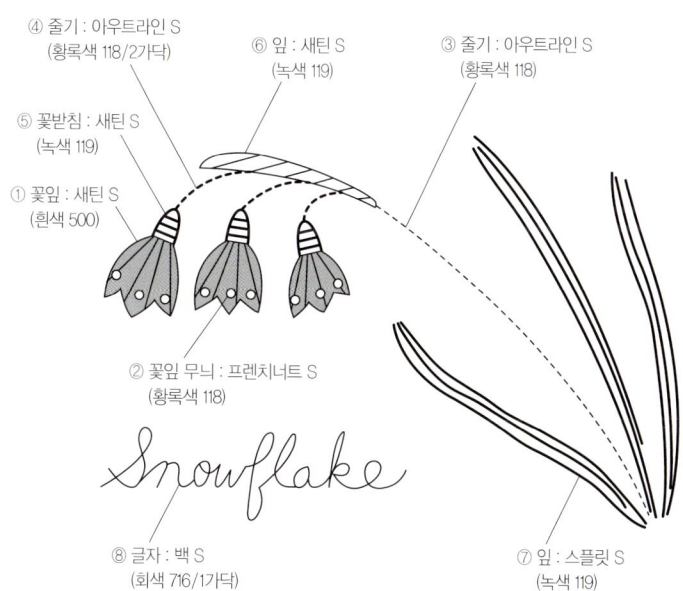

④ 줄기 : 아우트라인 S (황록색 118/2가닥)
⑥ 잎 : 새틴 S (녹색 119)
③ 줄기 : 아우트라인 S (황록색 118)
⑤ 꽃받침 : 새틴 S (녹색 119)
① 꽃잎 : 새틴 S (흰색 500)
② 꽃잎 무늬 : 프렌치너트 S (황록색 118)
⑧ 글자 : 백 S (회색 716/1가닥)
⑦ 잎 : 스플릿 S (녹색 119)

작은 종 모양의 꽃에 녹색 점무늬가 있고, '봄은방울수선'이라고도 부릅니다. 심고 내버려 두어도 봄이 되면 날씬한 줄기를 뻗어 예쁘게 꽃을 피워 주니 기특해요.

※ 등장하는 꽃 이름은 영명·국명·학명·속명·별칭 등을 사용했습니다.

Early Spring

12 히아신스 (a)
Hyacinthus

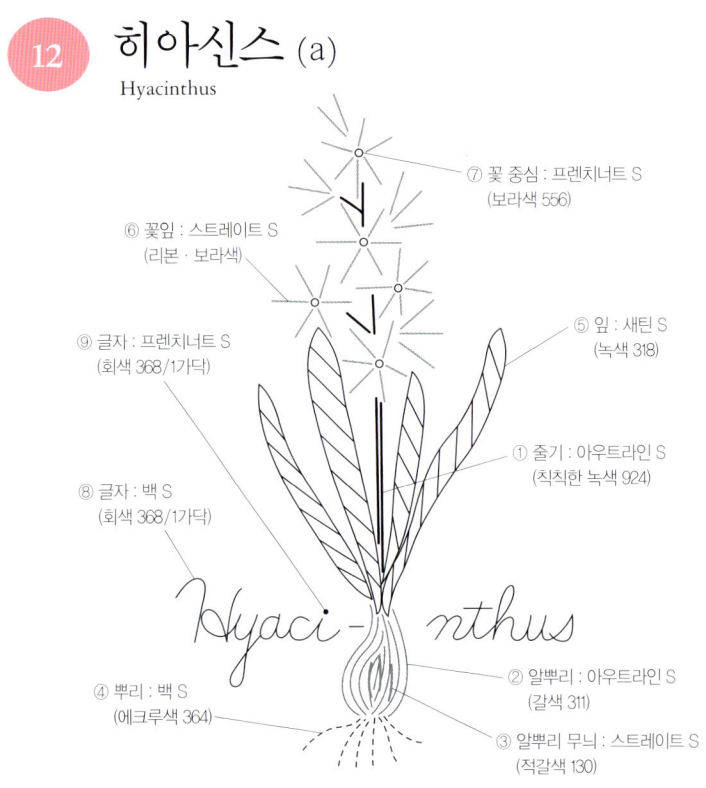

- ⑦ 꽃 중심 : 프렌치너트 S (보라색 556)
- ⑥ 꽃잎 : 스트레이트 S (리본 · 보라색)
- ⑨ 글자 : 프렌치너트 S (회색 368/1가닥)
- ⑤ 잎 : 새틴 S (녹색 318)
- ① 줄기 : 아웃라인 S (칙칙한 녹색 924)
- ⑧ 글자 : 백 S (회색 368/1가닥)
- ② 알뿌리 : 아웃라인 S (갈색 311)
- ④ 뿌리 : 백 S (에크루색 364)
- ③ 알뿌리 무늬 : 스트레이트 S (적갈색 130)

초봄의 정원에 화사함을 더해 주는 몇 안 되는 꽃이에요. 은은하게 달콤하면서 산뜻한 향이 근사해요. 심고 그대로 두면 꽃 개수가 적어져서 자연스러운 느낌이 납니다.

13 무스카리
Muscari

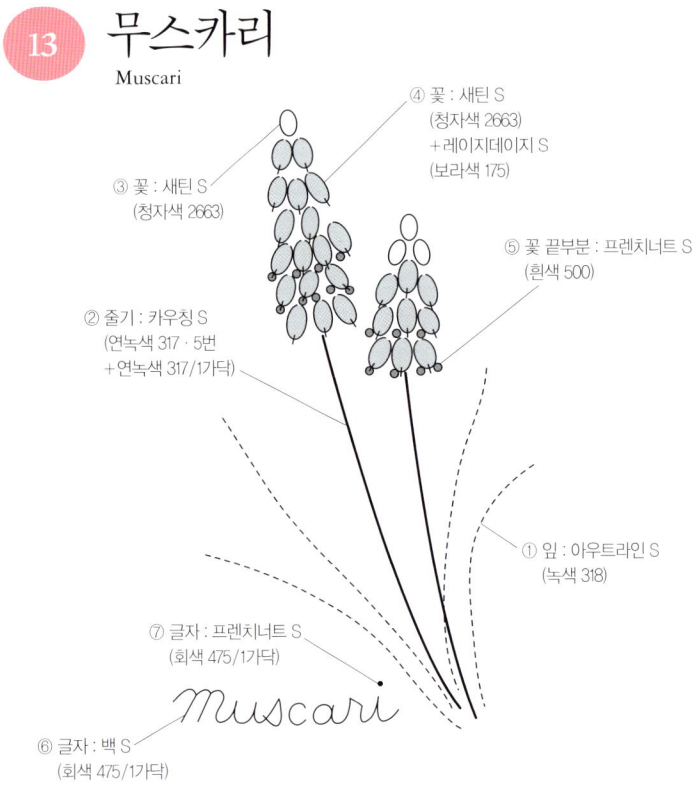

- ④ 꽃 : 새틴 S (청자색 2663) + 레이지데이지 S (보라색 175)
- ③ 꽃 : 새틴 S (청자색 2663)
- ⑤ 꽃 끝부분 : 프렌치너트 S (흰색 500)
- ② 줄기 : 카우칭 S (연녹색 317 · 5번 + 연녹색 317/1가닥)
- ① 잎 : 아웃라인 S (녹색 318)
- ⑦ 글자 : 프렌치너트 S (회색 475/1가닥)
- ⑥ 글자 : 백 S (회색 475/1가닥)

'그레이프히아신스'라고도 부르며 봄에는 빼놓을 수 없는 파란색 알뿌리 꽃입니다. 요즘에는 연푸른색이나 연녹색의 향기로운 종류도 있어서 다른 꽃과 매치할 수 있는 폭이 넓어졌습니다.

※ 코스모 자수 실 25번을 사용하고, 별다른 지시가 없으면 '3가닥'으로 수놓습니다. ※ '5번'은 코스모 자수 실 5번을 가리킵니다. ※ 리본은 3.5mm 폭의 자수용 리본을 사용합니다.

Early Spring

14　비올라 (3색)
Viola

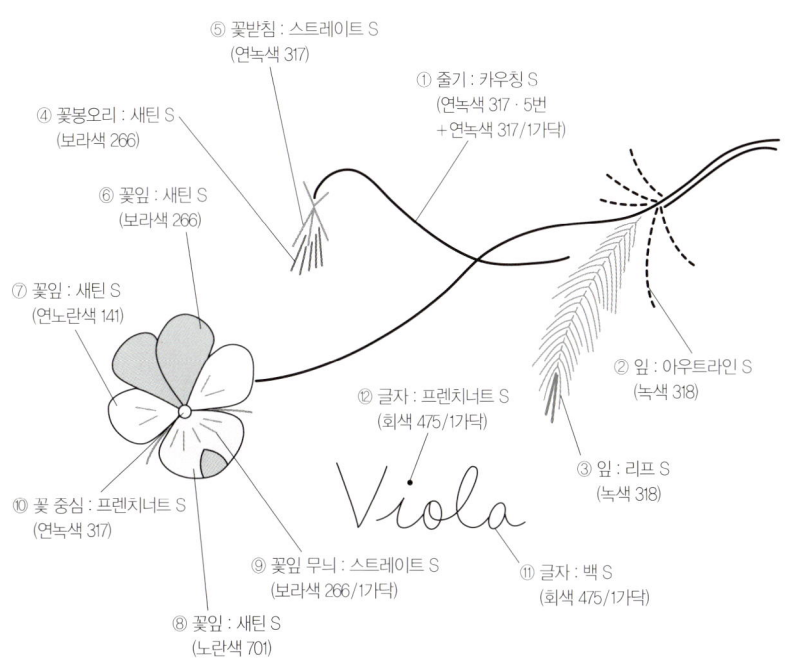

① 줄기 : 카우칭 S (연녹색 317 · 5번 + 연녹색 317/1가닥)
② 잎 : 아우트라인 S (녹색 318)
③ 잎 : 리프 S (녹색 318)
④ 꽃봉오리 : 새틴 S (보라색 266)
⑤ 꽃받침 : 스트레이트 S (연녹색 317)
⑥ 꽃잎 : 새틴 S (보라색 266)
⑦ 꽃잎 : 새틴 S (연노란색 141)
⑧ 꽃잎 : 새틴 S (노란색 701)
⑨ 꽃잎 무늬 : 스트레이트 S (보라색 266/1가닥)
⑩ 꽃 중심 : 프렌치너트 S (연녹색 317)
⑪ 글자 : 백 S (회색 475/1가닥)
⑫ 글자 : 프렌치너트 S (회색 475/1가닥)

최근의 비올라 품종은 놀랄 만큼 다양해요. 이 꽃은 '조니 점프 업' 또는 '하트시즈'라고 부르는 원종 비올라예요. 해마다 가지각색의 품종을 재배하고 나면, 역시 원종이 좋다는 생각이 들어요.

15　수선화
Narcissus

① 잎 : 새틴 S (녹색 318)
② 줄기 : 아우트라인 S (황록색 2118)
③ 꽃받침 : 스트레이트 S (황록색 2118)
④ 꽃받침 : 스트레이트 S (연갈색 2307)
⑤ 꽃잎 : 새틴 S (진한 노란색 2702)
⑥ 꽃잎 : 새틴 S (노란색 701)
⑦ 꽃잎 끝부분 : 레이지데이지 S (노란색 701/2가닥)
⑧ 글자 : 백 S (회색 716/2가닥)
⑨ 글자 : 프렌치너트 S (회색 716/2가닥)

어릴 적부터 정원에 줄곧 피어 있던 꽃은 노란색 나팔수선화였어요. 유난히 눈에 띄어서 크림색과 흰색 수선화를 곁들였더니 그러데이션이 완성되어 분위기가 차분해졌습니다. 나팔 모양 부분의 레이지데이지 스티치가 포인트입니다.

초봄

※ 각 계절마다 작품이 제작된 순으로 도안을 실었습니다. 색깔이나 스티치를 달리해서 같은 꽃이 중복해 등장하는 경우가 있습니다.

Early Spring

16 크로커스
Crocus

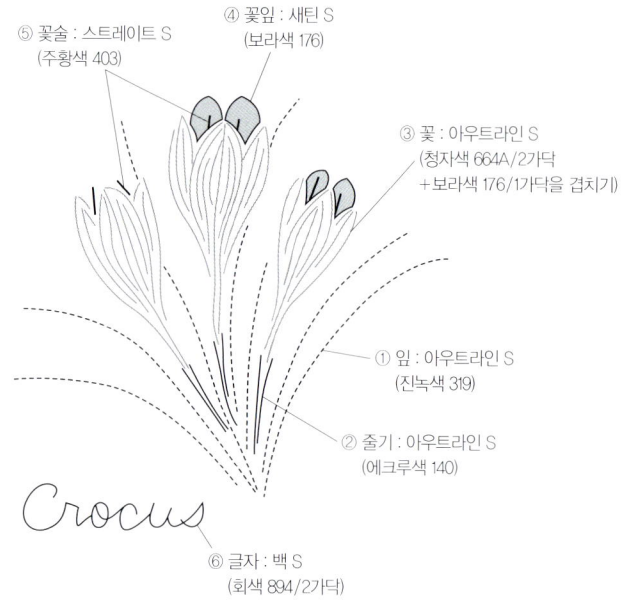

⑤ 꽃술 : 스트레이트 S (주황색 403)
④ 꽃잎 : 새틴 S (보라색 176)
③ 꽃 : 아우트라인 S (청자색 664A/2가닥 + 보라색 176/1가닥을 겹치기)
① 잎 : 아우트라인 S (진녹색 319)
② 줄기 : 아우트라인 S (에크루색 140)
⑥ 글자 : 백 S (회색 894/2가닥)

봄의 소형 알뿌리 중에서 가장 대중적인 것이 크로커스예요. 심고 내버려 두면 여기저기로 퍼지다가, 어느 날 갑자기 꽃을 피워서 봄이 왔음을 알려 줍니다. 화분에 빽빽이 심어서 부케처럼 피게 해도 멋져요.

17 스노우드롭 (b)
Snowdrop

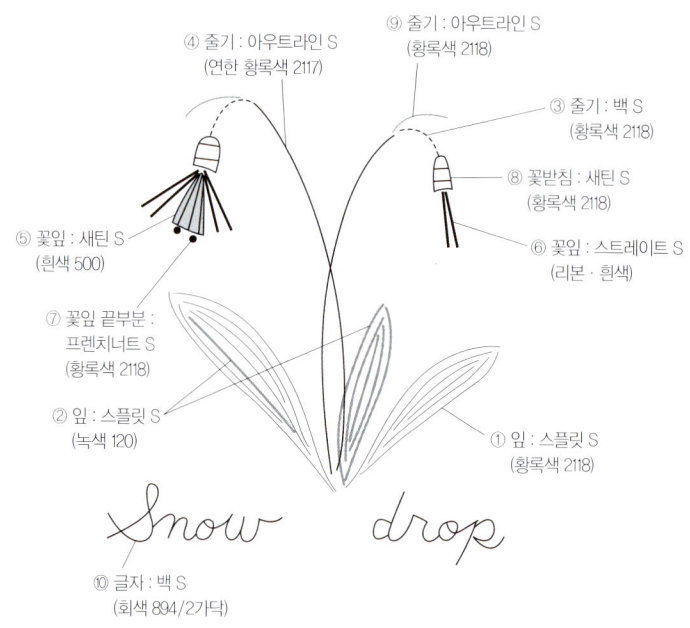

④ 줄기 : 아우트라인 S (연한 황록색 2117)
⑨ 줄기 : 아우트라인 S (황록색 2118)
③ 줄기 : 백 S (황록색 2118)
⑧ 꽃받침 : 새틴 S (황록색 2118)
⑤ 꽃잎 : 새틴 S (흰색 500)
⑥ 꽃잎 : 스트레이트 S (리본·흰색)
⑦ 꽃잎 끝부분 : 프렌치너트 S (황록색 2118)
② 잎 : 스플릿 S (녹색 120)
① 잎 : 스플릿 S (황록색 2118)
⑩ 글자 : 백 S (회색 894/2가닥)

봄에 가장 먼저 작은 알뿌리에서 가련한 꽃을 피웁니다. 스웨덴에 있을 때 눈 속에서 피어 있는 모습을 본 적이 있습니다. 꽃 주위만 떡하니 눈이 녹아 있어서 앙증맞은 데다가 다부지다는 생각을 했었지요. 정원에서는 크리스마스로즈 그루터기에서 꽃을 피웠어요.

※ 코스모 자수 실 25번을 사용하고, 별다른 지시가 없으면 '3가닥'으로 수놓습니다. ※ 리본은 3.5㎜ 폭의 자수용 리본을 사용합니다.

Early Spring

18 프림로즈
Primrose

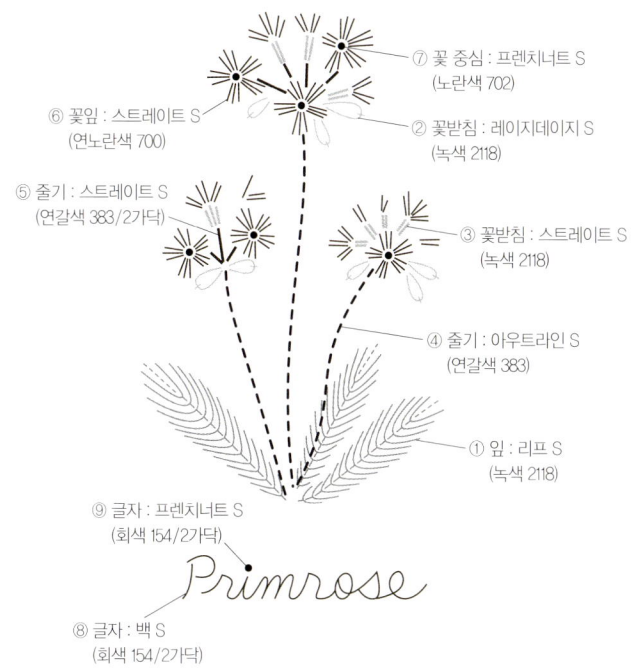

⑦ 꽃 중심 : 프렌치너트 S
(노란색 702)

⑥ 꽃잎 : 스트레이트 S
(연노란색 700)

② 꽃받침 : 레이지데이지 S
(녹색 2118)

⑤ 줄기 : 스트레이트 S
(연갈색 383/2가닥)

③ 꽃받침 : 스트레이트 S
(녹색 2118)

④ 줄기 : 아우트라인 S
(연갈색 383)

① 잎 : 리프 S
(녹색 2118)

⑨ 글자 : 프렌치너트 S
(회색 154/2가닥)

⑧ 글자 : 백 S
(회색 154/2가닥)

이른 봄 꽃집에 진열되는 화려한 앵초는 '프리뮬러 줄리안'이에요. 이 밝은 노란색의 원종 앵초는 '프림로즈'라고 부릅니다. 씨앗을 뿌려서 기르니 꽃이 필 때까지 2년이 걸렸어요. 소박하고 꽃 색깔이 부드러운 앵초예요.

19 히아신스 (b)
Hyacinth

초봄

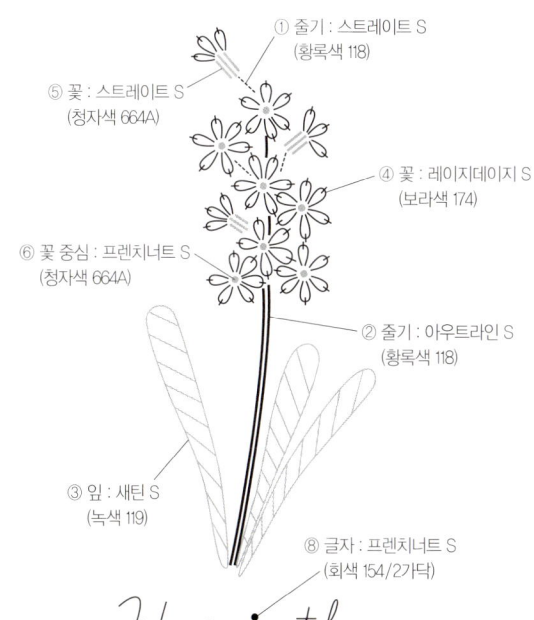

① 줄기 : 스트레이트 S
(황록색 118)

⑤ 꽃 : 스트레이트 S
(청자색 664A)

④ 꽃 : 레이지데이지 S
(보라색 174)

⑥ 꽃 중심 : 프렌치너트 S
(청자색 664A)

② 줄기 : 아우트라인 S
(황록색 118)

③ 잎 : 새틴 S
(녹색 119)

⑧ 글자 : 프렌치너트 S
(회색 154/2가닥)

⑦ 글자 : 백 S
(회색 154/2가닥)

향이 좋은 파란색 꽃이라 하면 히아신스가 떠올라요. 매년 기르는 종류는 꽃 바깥쪽이 청자색이었다가 다 피면 밝은 보라색이 되는 '블루 재킷'과 '델프트 블루'예요. 실내에서 빨리 꽃이 피게 하거나, 높은 컨테이너에 심어서 벤치 옆에 둡니다.

※ 각 계절마다 작품이 제작된 순으로 도안을 실었습니다. 색깔이나 스티치를 달리해서 같은 꽃이 중복해 등장하는 경우가 있습니다.

Early Spring

20 은방울꽃 (b)
Lily of the valley

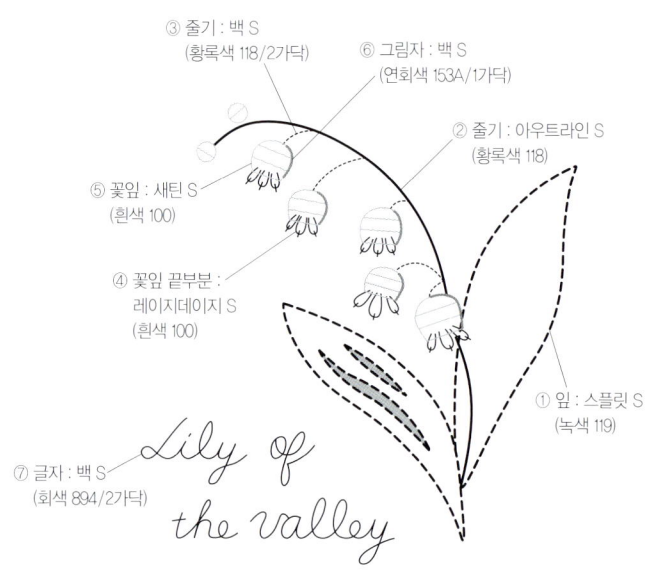

제가 좋아하는 향수가 은방울꽃 향이라는 사실을 20대 초반에 알았어요. 그 뒤 스웨덴에 갔을 때 숲속에서 모여 사는 은방울꽃을 발견해 가까이 다가가니, 주변이 온통 그 향수 향이었답니다. 향기의 기억이 강렬했는지 꽃향기 중에서 은방울꽃 향은 특히 인상적입니다.

21 미모사 (b)
Mimosa

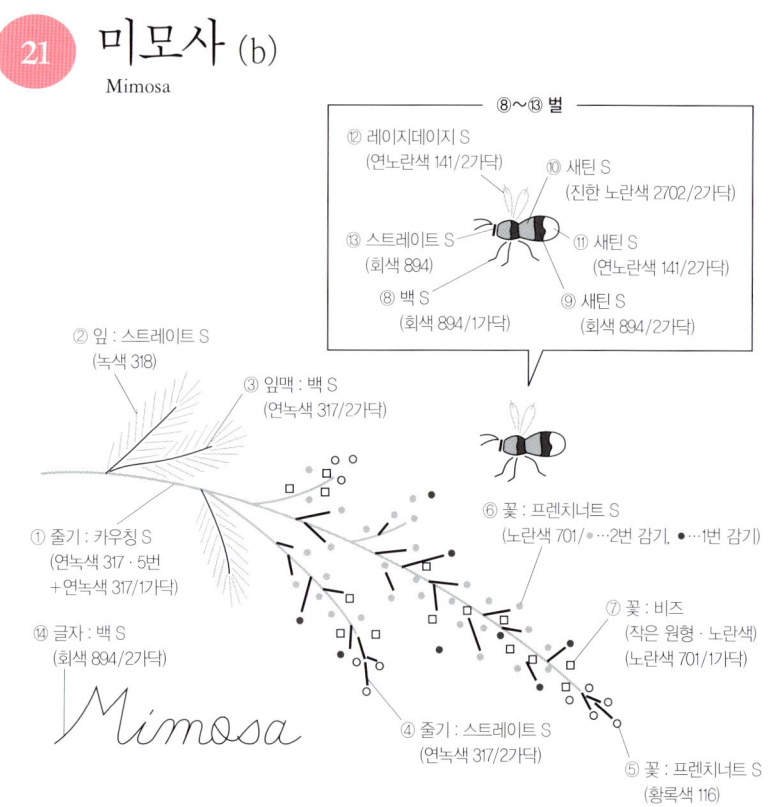

조금씩 따뜻해지면 미모사가 노란색 안개에 둘러싸인 듯해집니다. 그 후 얼마 안 되어 병아리색의 밝은 꽃이 피어나므로, 이웃집에 심어진 미모사 나무 곁을 지날 날만 기다립니다. 꽃집의 미모사는 방 안에서 피기 어려워서 탐스럽게 만발한 꽃은 정원에서만 즐길 수 있는 사치랍니다.

Early Spring

22 비올라 (블라치)
Viola

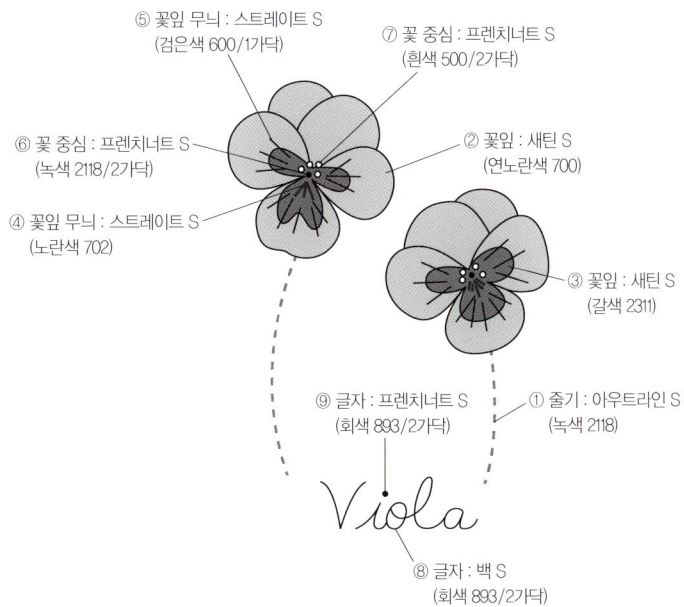

⑤ 꽃잎 무늬 : 스트레이트 S (검은색 600/1가닥)
⑦ 꽃 중심 : 프렌치너트 S (흰색 500/2가닥)
⑥ 꽃 중심 : 프렌치너트 S (녹색 2118/2가닥)
② 꽃잎 : 새틴 S (연노란색 700)
④ 꽃잎 무늬 : 스트레이트 S (노란색 702)
③ 꽃잎 : 새틴 S (갈색 2311)
⑨ 글자 : 프렌치너트 S (회색 893/2가닥)
① 줄기 : 아웃라인 S (녹색 2118)
⑧ 글자 : 백 S (회색 893/2가닥)

비올라는 봄의 화단에 없어서는 안 될 꽃이에요. 매년 새 품종이 등장하므로 고르는 일이 고민거리랍니다. 단순한 타입이 매치시키기는 쉽지만, 얼굴처럼 보이는 블라치 타입도 매력이 있어요.

23 실라
Scilla

 초봄

④ 꽃봉오리 : 새틴 S (진한 보라색 555)
⑥ 꽃잎 무늬 : 스트레이트 S (청자색 663)
⑤ 꽃잎 : 레이지데이지 S (연보라색 2172)
③ 줄기 : 백 S (진한 보라색 555/2가닥)
② 줄기 : 스트레이트 S (진한 보라색 555/2가닥)
⑦ 꽃 중심 : 비즈 (작은 원형 · 보라색) (진한 보라색 555/1가닥)
⑨ 글자 : 프렌치너트 S (회색 893/2가닥)
① 줄기 : 아웃라인 S (연녹색 317)
⑧ 글자 : 백 S (회색 893/2가닥)

초봄을 장식하는 실라는 종류가 많습니다. 종 모양의 꽃을 피우는 '실라 히스파니카'가 대중적이지만, 자수 모델은 '실라 페루비아나'입니다. 볼륨감이 있는 꽃으로, 일본 기후에도 맞고 튼튼해서 매년 잘 핍니다.

Early Spring

24 냉이
Nazuna(Naengi)

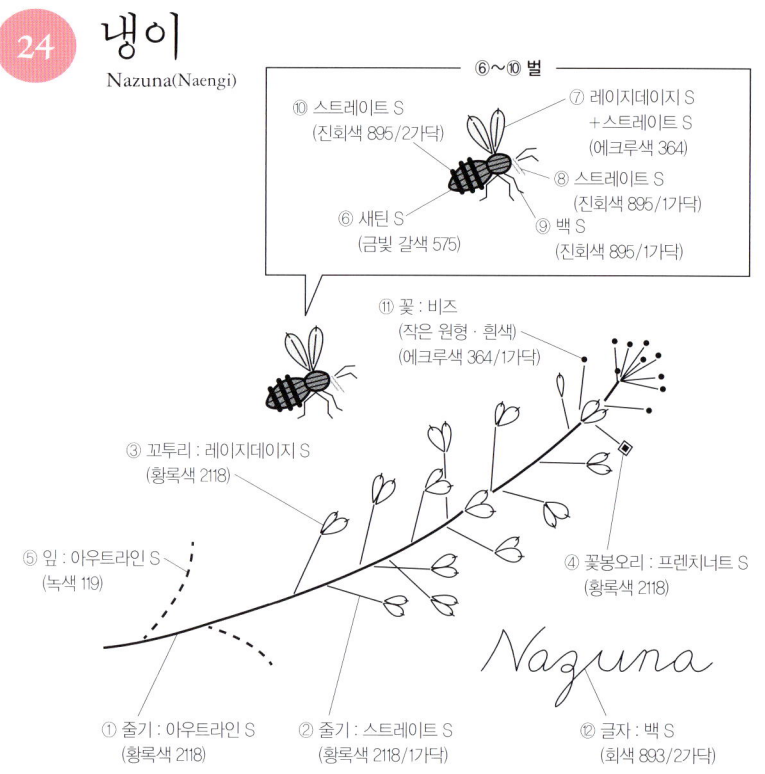

⑥~⑩ 벌
⑩ 스트레이트 S (진회색 895/2가닥)
⑦ 레이지데이지 S + 스트레이트 S (에크루색 364)
⑧ 스트레이트 S (진회색 895/1가닥)
⑥ 새틴 S (금빛 갈색 575)
⑨ 백 S (진회색 895/1가닥)

⑪ 꽃 : 비즈 (작은 원형·흰색) (에크루색 364/1가닥)
③ 꼬투리 : 레이지데이지 S (황록색 2118)
④ 꽃봉오리 : 프렌치너트 S (황록색 2118)
⑤ 잎 : 아웃라인 S (녹색 119)
① 줄기 : 아웃라인 S (황록색 2118)
② 줄기 : 스트레이트 S (황록색 2118/1가닥)
⑫ 글자 : 백 S (회색 893/2가닥)

봄의 제비꽃과 함께 제가 좋아하는 들꽃입니다. 꽃이 진 뒤 생기는 씨앗의 꼬투리가 하트 모양이라서, 보면 볼수록 자연이 만든 작품은 재미나다는 생각이 듭니다.

25 미모사 (c)
Mimosa

① 잎 : 스트레이트 S (녹색 318)
② 줄기 : 아웃라인 S (연녹색 317)
⑤ 꽃 : 스파이더웹 로즈 S (노란색 그러데이션 8028)
③ 줄기 : 백 S (연녹색 317)
④ 잎맥 : 백 S (연녹색 317)
⑧ 글자 : 프렌치너트 S (회색 894/2가닥)
⑥ 꽃봉오리 : 프렌치너트 S (노란색 그러데이션 8028)
⑦ 글자 : 백 S (회색 894/2가닥)

이웃에 미모사 나무를 심은 집이 있습니다. 봄이 가까워지면 가지 끝이 조금씩 노란색으로 변하면서 풍성한 꽃이 피기 시작하지요. 병아리색의 꽃은 다음 계절의 시작을 알려 줍니다.

※ 코스모 자수 실 25번을 사용하고, 별다른 지시가 없으면 '3가닥'으로 수놓습니다. ※ 리본은 3.5mm 폭의 자수용 리본을 사용합니다.

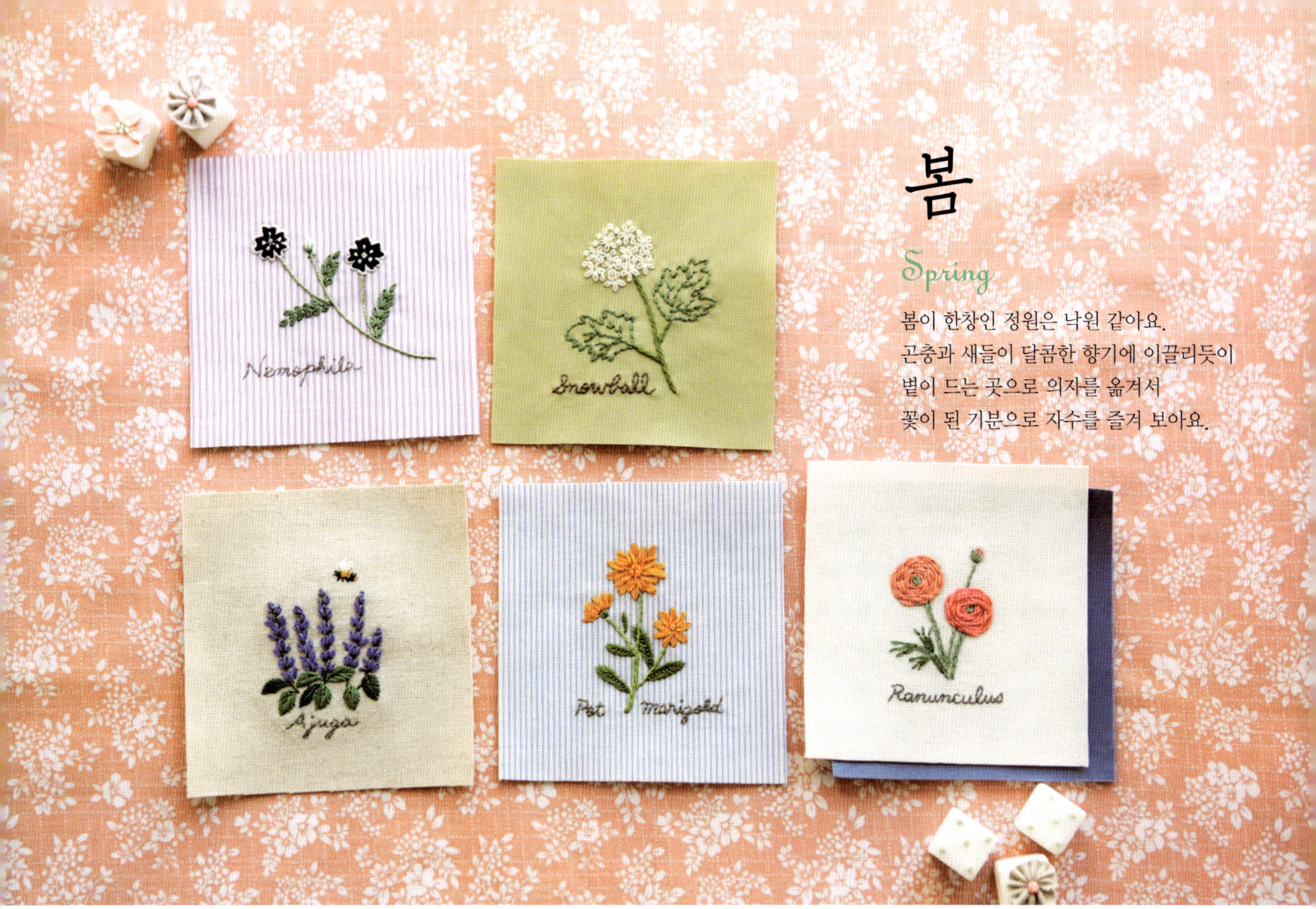

봄

Spring

봄이 한창인 정원은 낙원 같아요.
곤충과 새들이 달콤한 향기에 이끌리듯이
볕이 드는 곳으로 의자를 옮겨서
꽃이 된 기분으로 자수를 즐겨 보아요.

---

26 데이지 (a)
Daisy

 초봄

 봄

영국에서는 잡초 취급을 받을 정도로 튼튼한 꽃으로, 매년 땅에 떨어진
씨앗으로 번식합니다. 벽돌 틈에 피는 모습이 무척 사랑스럽습니다.

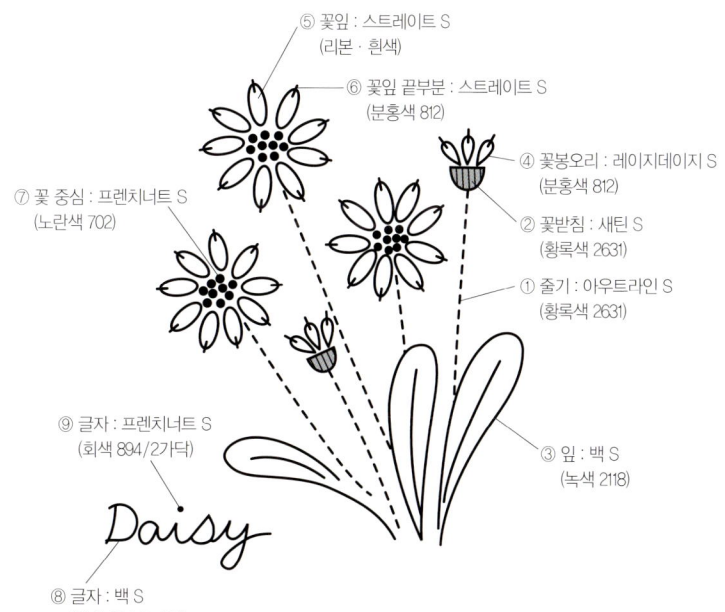

⑤ 꽃잎 : 스트레이트 S (리본·흰색)
⑥ 꽃잎 끝부분 : 스트레이트 S (분홍색 812)
④ 꽃봉오리 : 레이지데이지 S (분홍색 812)
② 꽃받침 : 새틴 S (황록색 2631)
① 줄기 : 아우트라인 S (황록색 2631)
⑦ 꽃 중심 : 프렌치너트 S (노란색 702)
③ 잎 : 백 S (녹색 2118)
⑨ 글자 : 프렌치너트 S (회색 894/2가닥)
⑧ 글자 : 백 S (회색 894/2가닥)

※ 각 계절마다 작품이 제작된 순으로 도안을 실었습니다. 색깔이나 스티치를 달리해서 같은 꽃이 중복해 등장하는 경우가 있습니다.

Spring

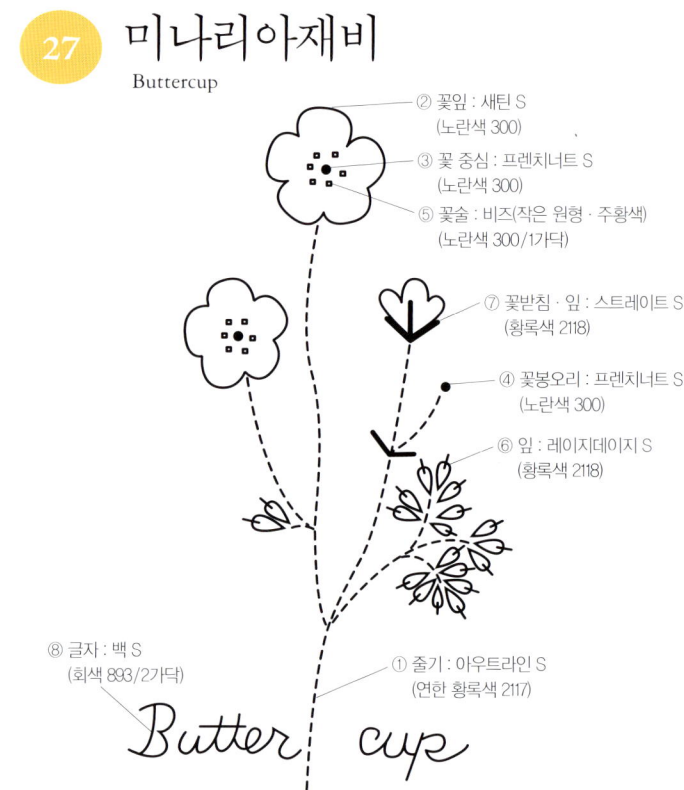

27 미나리아재비
Buttercup

② 꽃잎 : 새틴 S (노란색 300)
③ 꽃 중심 : 프렌치너트 S (노란색 300)
⑤ 꽃술 : 비즈(작은 원형·주황색) (노란색 300/1가닥)
⑦ 꽃받침·잎 : 스트레이트 S (황록색 2118)
④ 꽃봉오리 : 프렌치너트 S (노란색 300)
⑥ 잎 : 레이지데이지 S (황록색 2118)
⑧ 글자 : 백 S (회색 893/2가닥)
① 줄기 : 아웃라인 S (연한 황록색 2117)

작은 꽃을 가까이에서 보면 꽃잎 안쪽이 반들반들 윤이 나 버터를 바른 듯합니다. 물망초와 같이 컵에 꽂으면 테이블 위에 스웨덴 들판이 펼쳐집니다.

28 물망초
Forget-me-not

⑦ 꽃 중심 : 프렌치너트 S (노란색 702)
④ 꽃잎 : 레이지데이지 S (청자색 2662)
⑤ 꽃봉오리 : 스트레이트 S (청자색 2662)
⑥ 꽃봉오리 : 스트레이트 S (분홍색 222)
② 줄기·꽃봉오리 : 스트레이트 S (황록색 2118)
① 줄기 : 아웃라인 S (황록색 2118)
③ 잎 : 아웃라인 S (녹색 318)
⑧ 글자 : 백 S (회색 893/2가닥)

들꽃 믹스 씨앗을 뿌리면 가끔 물망초가 싹을 틔워요. 작은 꽃봉오리가 분홍색에서 파란색으로 변해 가는 그러데이션이 근사해요.

※ 코스모 자수 실 25번을 사용하고, 별다른 지시가 없으면 '3가닥'으로 수놓습니다.

Spring

29 스노우볼
Snowball

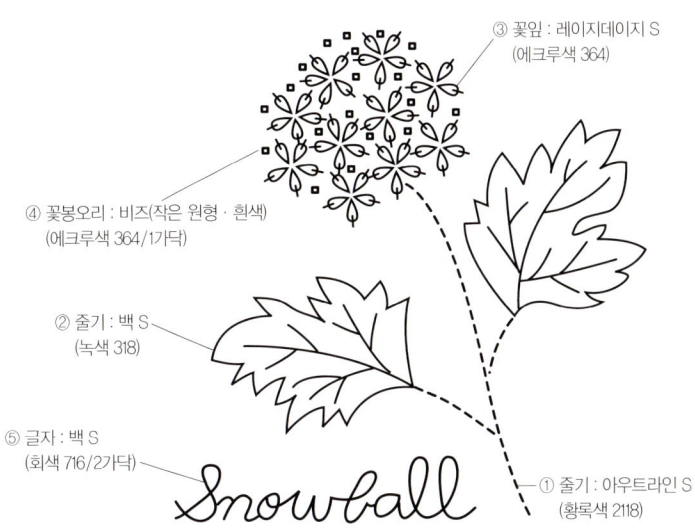

③ 꽃잎 : 레이지데이지 S
(에크루색 364)

④ 꽃봉오리 : 비즈(작은 원형·흰색)
(에크루색 364/1가닥)

② 줄기 : 백 S
(녹색 318)

⑤ 글자 : 백 S
(회색 716/2가닥)

① 줄기 : 아우트라인 S
(황록색 2118)

꽃집에서 이른 봄에 볼 수 있는 황록색 공 모양의 꽃이 스노우볼입니다. 꽃이 피어 가면서 흰색으로 변합니다. 수국과는 다른 부드러움이 느껴지고, 작은 꽃이 한데 모여 핍니다.

30 네모필라 (청자색)
Nemophila

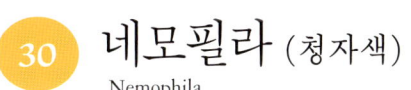
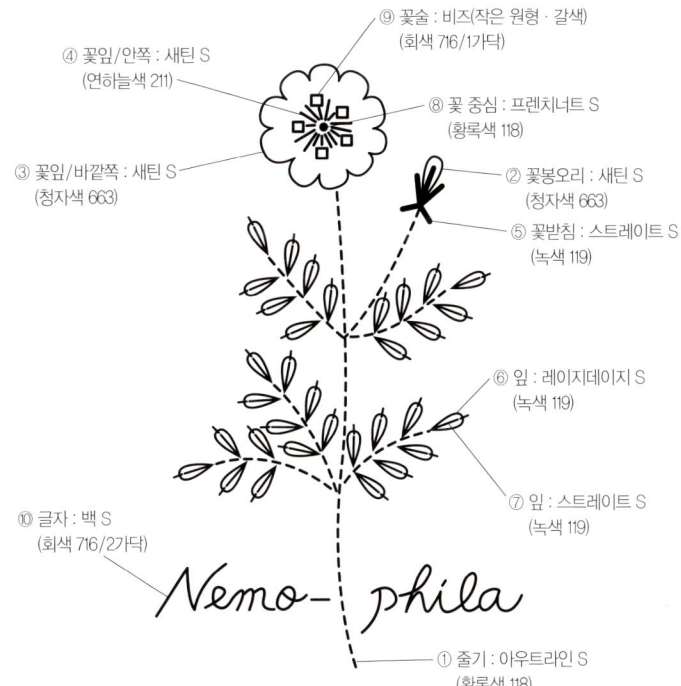

④ 꽃잎/안쪽 : 새틴 S
(연하늘색 211)

⑨ 꽃술 : 비즈(작은 원형·갈색)
(회색 716/1가닥)

⑧ 꽃 중심 : 프렌치너트 S
(황록색 118)

③ 꽃잎/바깥쪽 : 새틴 S
(청자색 663)

② 꽃봉오리 : 새틴 S
(청자색 663)

⑤ 꽃받침 : 스트레이트 S
(녹색 119)

⑥ 잎 : 레이지데이지 S
(녹색 119)

⑦ 잎 : 스트레이트 S
(녹색 119)

⑩ 글자 : 백 S
(회색 716/2가닥)

① 줄기 : 아우트라인 S
(황록색 118)

유달리 밝은 파란색 눈길을 끄는 소박한 꽃이에요. '유리당초'라는 별칭처럼 부드럽게 뻗은 줄기가 덩굴무늬인 당초 같아요. 자세히 보면 흰 물방울무늬가 들어간 잎도 있어서 귀엽습니다.

※등장하는 꽃 이름은 영명·국명·학명·속명·별칭 등을 사용했습니다.

Spring

31 니겔라
Nigella

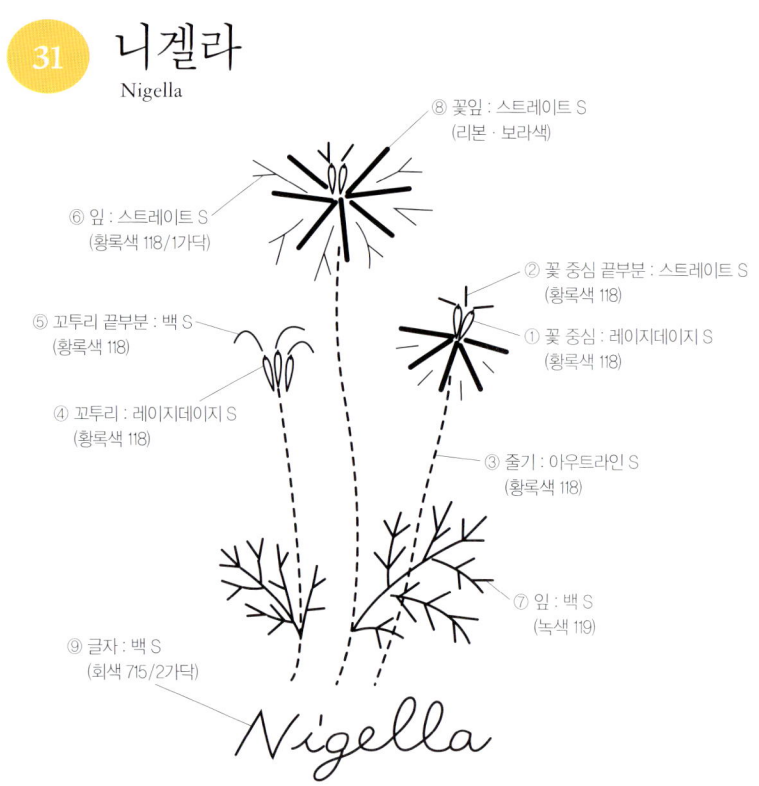

⑧ 꽃잎 : 스트레이트 S
(리본 · 보라색)

⑥ 잎 : 스트레이트 S
(황록색 118/1가닥)

⑤ 꼬투리 끝부분 : 백 S
(황록색 118)

④ 꼬투리 : 레이지데이지 S
(황록색 118)

② 꽃 중심 끝부분 : 스트레이트 S
(황록색 118)

① 꽃 중심 : 레이지데이지 S
(황록색 118)

③ 줄기 : 아우트라인 S
(황록색 118)

⑦ 잎 : 백 S
(녹색 119)

⑨ 글자 : 백 S
(회색 715/2가닥)

'러브 인 미스트'라는 별칭에 끌려서 씨앗을 뿌렸더니, 무성한 수풀 속에서 밝은 파란색 꽃이 피어났습니다. 꽃이 진 뒤에는 꼬투리가 통통하게 부풀어 오릅니다.

32 쥐손이풀
Geranium

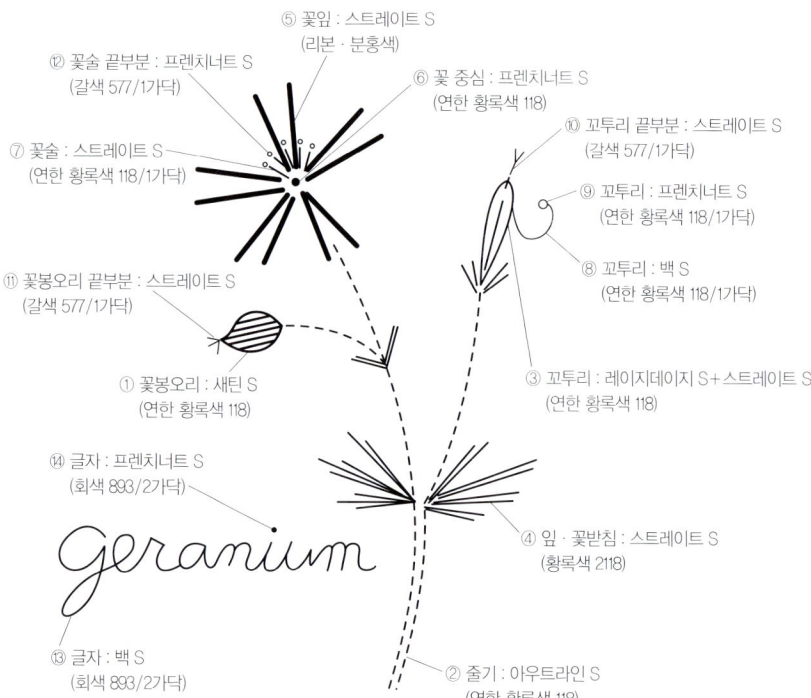

⑤ 꽃잎 : 스트레이트 S
(리본 · 분홍색)

⑫ 꽃술 끝부분 : 프렌치너트 S
(갈색 577/1가닥)

⑥ 꽃 중심 : 프렌치너트 S
(연한 황록색 118)

⑦ 꽃술 : 스트레이트 S
(연한 황록색 118/1가닥)

⑩ 꼬투리 끝부분 : 스트레이트 S
(갈색 577/1가닥)

⑨ 꼬투리 : 프렌치너트 S
(연한 황록색 118/1가닥)

⑧ 꼬투리 : 백 S
(연한 황록색 118/1가닥)

⑪ 꽃봉오리 끝부분 : 스트레이트 S
(갈색 577/1가닥)

① 꽃봉오리 : 새틴 S
(연한 황록색 118)

③ 꼬투리 : 레이지데이지 S+스트레이트 S
(연한 황록색 118)

⑭ 글자 : 프렌치너트 S
(회색 893/2가닥)

④ 잎 · 꽃받침 : 스트레이트 S
(황록색 2118)

⑬ 글자 : 백 S
(회색 893/2가닥)

② 줄기 : 아우트라인 S
(연한 황록색 118)

쥐손이풀은 최근의 꽃 컬렉션에 추가한 꽃이에요. 분홍색, 파란색, 흰색, 검은색 등의 꽃이 있고, 그늘에 심으면 매년 튼튼하게 피어나요. 잘 보면 꼬투리 모양도 깜찍해요.

※ 코스모 자수 실 25번을 사용하고, 별다른 지시가 없으면 '3가닥'으로 수놓습니다. ※ 리본은 3.5mm 폭의 자수용 리본을 사용합니다.

Spring

33 민들레
Dandelion

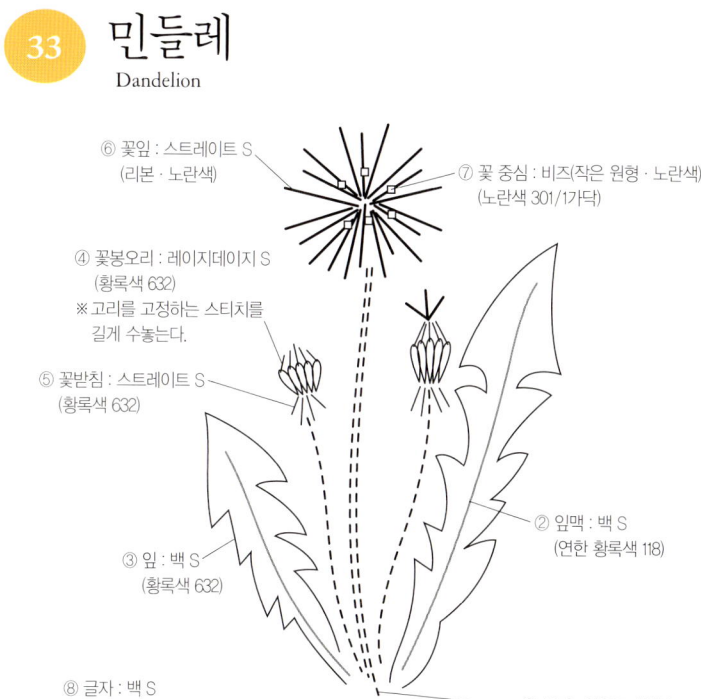

⑥ 꽃잎 : 스트레이트 S
(리본 · 노란색)

⑦ 꽃 중심 : 비즈(작은 원형 · 노란색)
(노란색 301/1가닥)

④ 꽃봉오리 : 레이지데이지 S
(황록색 632)
※고리를 고정하는 스티치를
길게 수놓는다.

⑤ 꽃받침 : 스트레이트 S
(황록색 632)

② 잎맥 : 백 S
(연한 황록색 118)

③ 잎 : 백 S
(황록색 632)

⑧ 글자 : 백 S
(회색 893/2가닥)

① 줄기 : 아웃트라인 S
(연한 황록색 118)

들판이나 공터에 키가 작은 풀이 양탄자처럼 나고 그 사이에서 금화를 흩뿌린 듯 노란색 민들레가 피어나는 모습을 보면, 정겹고 따스한 기분이 들어요.

34 스트로베리 캔들 (a)
Strawberry Candle

① 꽃 : 레이지데이지 S
(빨간색 346)

② 꽃받침 : 스트레이트 S
(연녹색 317)

⑤ 잎 : 리프 S
(녹색 318)

④ 줄기 : 스트레이트 S
(연녹색 317)

⑥ 글자 : 백 S
(회색 368/2가닥)

③ 줄기 : 아웃트라인 S
(연녹색 317)

잎을 보면 토끼풀, 붉은토끼풀과 같은 무리라는 것을 바로 알 수 있어요. 볕과 배수성이 좋은 정원에서는 잇따라 퍼져서 컨테이너 재배가 알맞을지 모르겠어요.

봄

※개화와 결실 시기는 지역이나 품종에 따라 다릅니다. 또한 개화 기간이 긴 꽃도 있으므로 각 식물 이미지에 어울리는 계절에 배치했습니다.

Spring

35 스위트피 (a)
Sweet Pea

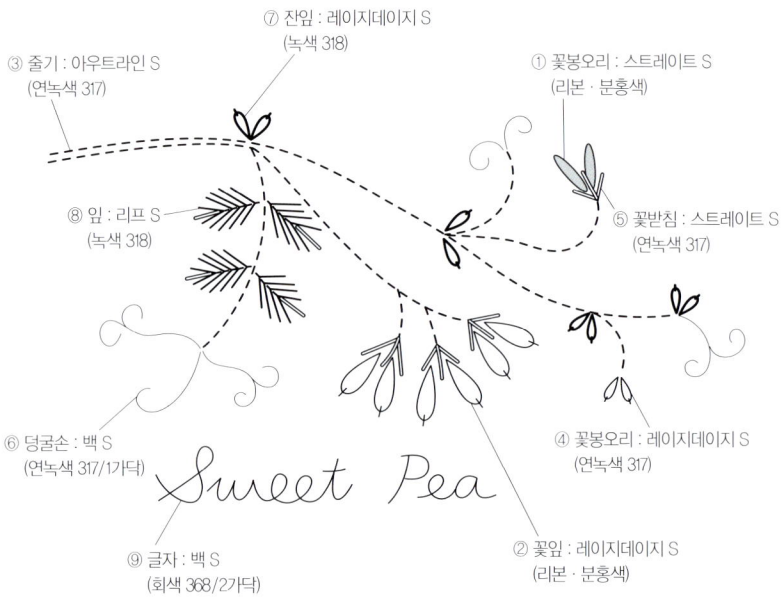

③ 줄기 : 아웃라인 S (연녹색 317)
⑦ 잔잎 : 레이지데이지 S (녹색 318)
① 꽃봉오리 : 스트레이트 S (리본 · 분홍색)
⑧ 잎 : 리프 S (녹색 318)
⑤ 꽃받침 : 스트레이트 S (연녹색 317)
⑥ 덩굴손 : 백 S (연녹색 317/1가닥)
④ 꽃봉오리 : 레이지데이지 S (연녹색 317)
⑨ 글자 : 백 S (회색 368/2가닥)
② 꽃잎 : 레이지데이지 S (리본 · 분홍색)

딸아이가 어렸을 적에 스위트피를 길러서 줬더니 "좋은 냄새가 나는 콩보다 먹을 수 있는 콩이 좋아."라고 대답했답니다. 스위트피 꽃을 볼 때마다 그 일이 떠올라서 웃음이 절로 나와요. 딸아이는 그때와 다름없이 성장했습니다.

36 다이어스캐모마일
Dyer's Chamomile

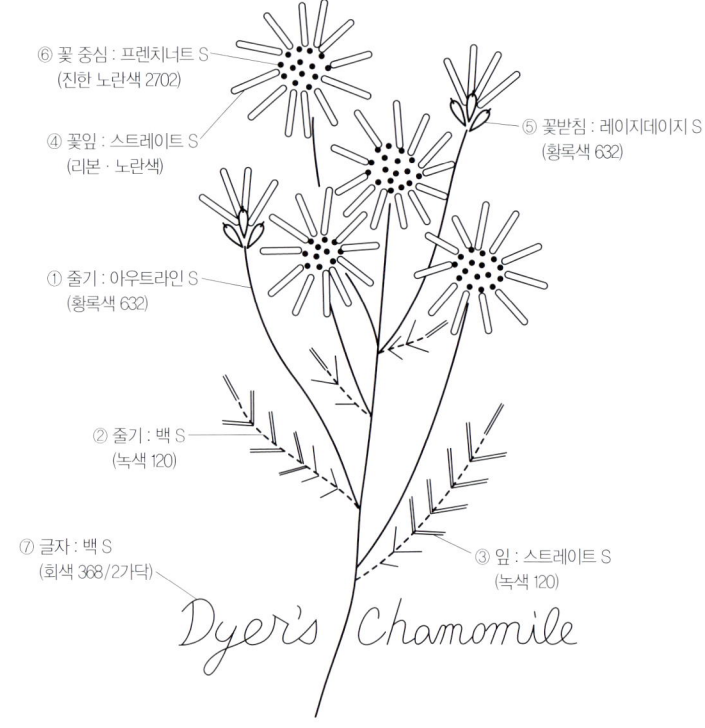

⑥ 꽃 중심 : 프렌치너트 S (진한 노란색 2702)
④ 꽃잎 : 스트레이트 S (리본 · 노란색)
⑤ 꽃받침 : 레이지데이지 S (황록색 632)
① 줄기 : 아웃라인 S (황록색 632)
② 줄기 : 백 S (녹색 120)
⑦ 글자 : 백 S (회색 368/2가닥)
③ 잎 : 스트레이트 S (녹색 120)

사과 향이 나는 캐모마일의 한 종류입니다. 꽃을 끓이면 갈색 염료가 되지만, 꽃을 즐기기 위해서 심는 일도 많습니다. 대단히 다부진 꽃입니다.

※ 코스모 자수 실 25번을 사용하고, 별다른 지시가 없으면 '3가닥'으로 수놓습니다. ※ '5번'은 코스모 자수 실 5번을 가리킵니다. ※ 리본은 3.5mm 폭의 자수용 리본을 사용합니다.

37 벚나무
Cherry

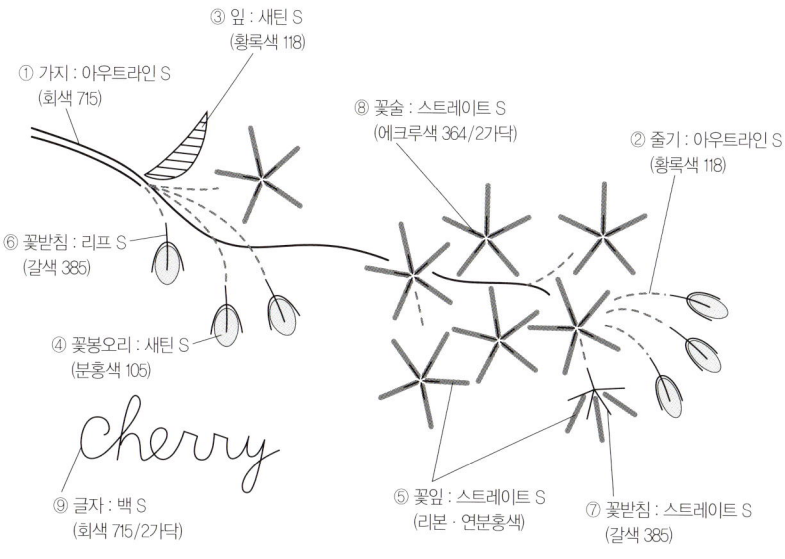

① 가지 : 아우트라인 S (회색 715)
② 줄기 : 아우트라인 S (황록색 118)
③ 잎 : 새틴 S (황록색 118)
④ 꽃봉오리 : 새틴 S (분홍색 105)
⑤ 꽃잎 : 스트레이트 S (리본 · 연분홍색)
⑥ 꽃받침 : 리프 S (갈색 385)
⑦ 꽃받침 : 스트레이트 S (갈색 385)
⑧ 꽃술 : 스트레이트 S (에크루색 364/2가닥)
⑨ 글자 : 백 S (회색 715/2가닥)

활짝 핀 벚꽃도 가슴을 설레게 하지만, 봄이 시작되어 꽃봉오리 끝이 진분홍색을 띠면서 조금씩 부풀어 가는 모습을 보는 것도 기대되는 일이에요.

38 데이지 (b)
Daisy

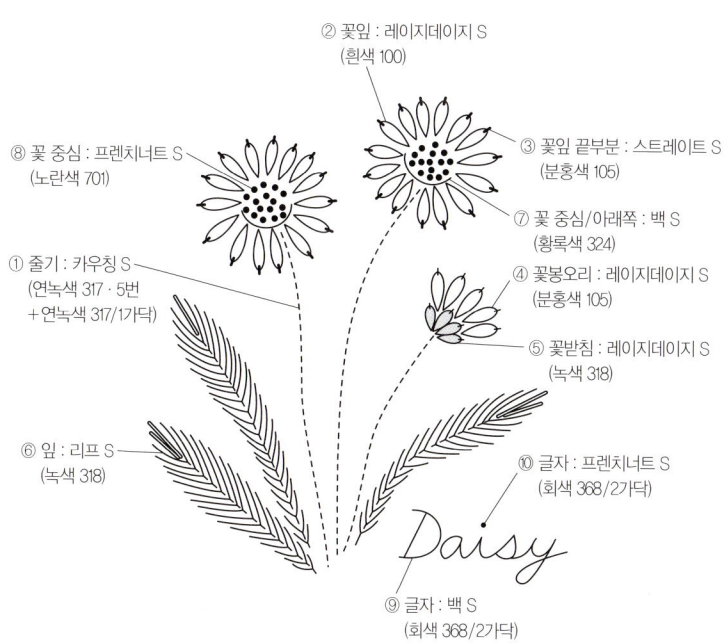

① 줄기 : 카우칭 S (연녹색 317 · 5번 + 연녹색 317/1가닥)
② 꽃잎 : 레이지데이지 S (흰색 100)
③ 꽃잎 끝부분 : 스트레이트 S (분홍색 105)
④ 꽃봉오리 : 레이지데이지 S (분홍색 105)
⑤ 꽃받침 : 레이지데이지 S (녹색 318)
⑥ 잎 : 리프 S (녹색 318)
⑦ 꽃 중심/아래쪽 : 백 S (황록색 324)
⑧ 꽃 중심 : 프렌치너트 S (노란색 701)
⑨ 글자 : 백 S (회색 368/2가닥)
⑩ 글자 : 프렌치너트 S (회색 368/2가닥)

영국에서는 데이지가 잔디밭의 잡초로 취급되지만, 저는 이 소박한 야생종 '잉글리시 데이지'를 좋아합니다. 꽃 색깔은 흰색이지만 꽃잎 안쪽이 분홍색으로, 끝부분이 비쳐 보여서 분홍빛을 띠는 것입니다.

※ 각 계절마다 작품이 제작된 순으로 도안을 실었습니다. 색깔이나 스티치를 달리해서 같은 꽃이 중복해 등장하는 경우가 있습니다.

Spring

39 마거리트 (흰색)
Margaret

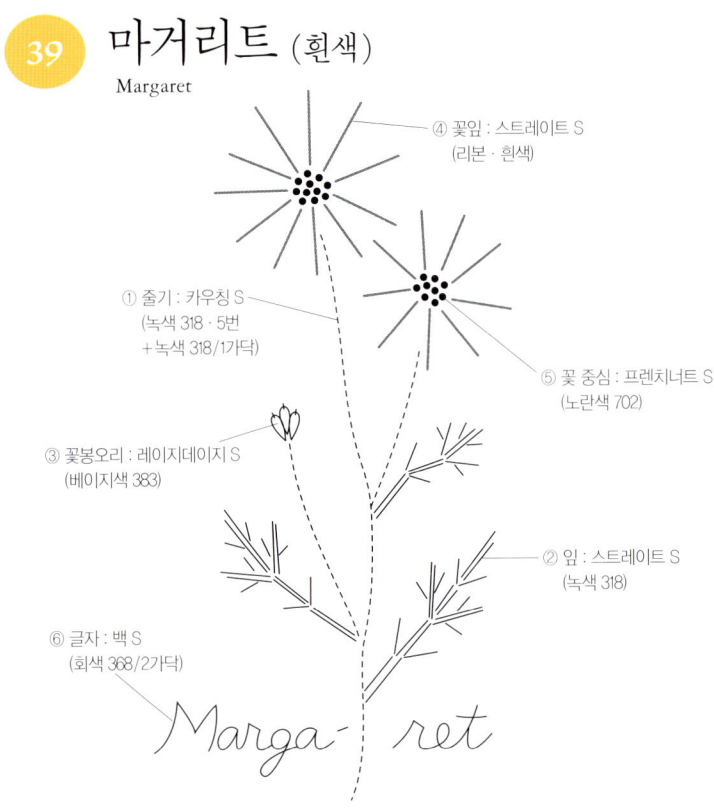

화분에 옮겨 심은 마거리트를 현관에 두면 봄처럼 기분이 밝아집니다. 외국 책을 보니 목질화된 줄기를 길게 길러서 스탠더드 타입으로 꽃을 피우게 하더군요. 무사히 여름을 넘기면 저도 할 수 있을까요?

④ 꽃잎 : 스트레이트 S (리본·흰색)
① 줄기 : 카우칭 S (녹색 318·5번 + 녹색 318/1가닥)
⑤ 꽃 중심 : 프렌치너트 S (노란색 702)
③ 꽃봉오리 : 레이지데이지 S (베이지색 383)
② 잎 : 스트레이트 S (녹색 318)
⑥ 글자 : 백 S (회색 368/2가닥)

40 라넌큘러스 (노란색)
Ranunculus

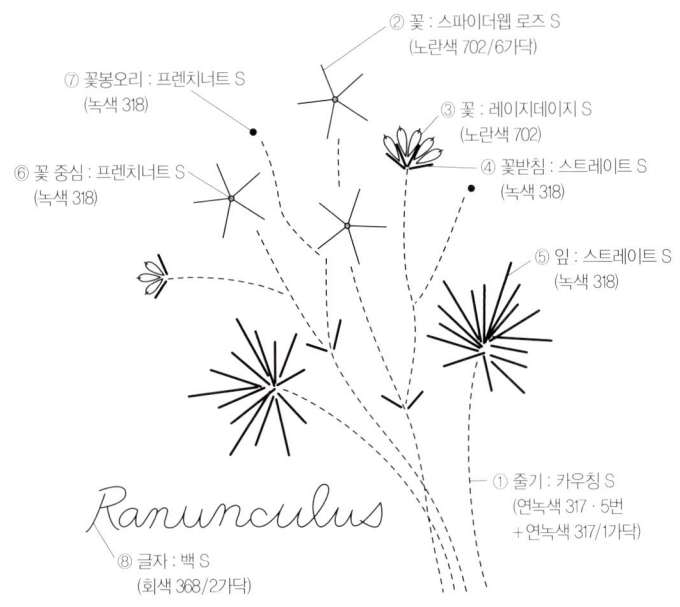

꽃집에 진열된 라넌큘러스는 장미처럼 꽃잎이 겹쳐 있어서 볼륨감이 있지만, 원종은 작은 단추 같은 노란색 꽃입니다. '개구리'라는 뜻의 'rana'에서 유래한 라넌큘러스는 '작은 개구리'를 뜻합니다.

② 꽃 : 스파이더웹 로즈 S (노란색 702/6가닥)
⑦ 꽃봉오리 : 프렌치너트 S (녹색 318)
③ 꽃 : 레이지데이지 S (노란색 702)
⑥ 꽃 중심 : 프렌치너트 S (녹색 318)
④ 꽃받침 : 스트레이트 S (녹색 318)
⑤ 잎 : 스트레이트 S (녹색 318)
① 줄기 : 카우칭 S (연녹색 317·5번 + 연녹색 317/1가닥)
⑧ 글자 : 백 S (회색 368/2가닥)

※ 코스모 자수 실 25번을 사용하고, 별다른 지시가 없으면 '3가닥'으로 수놓습니다. ※ '5번'은 코스모 자수 실 5번을 가리킵니다. ※ 리본은 3.5mm 폭의 자수용 리본을 사용합니다.

41 아르메리아
Armeria

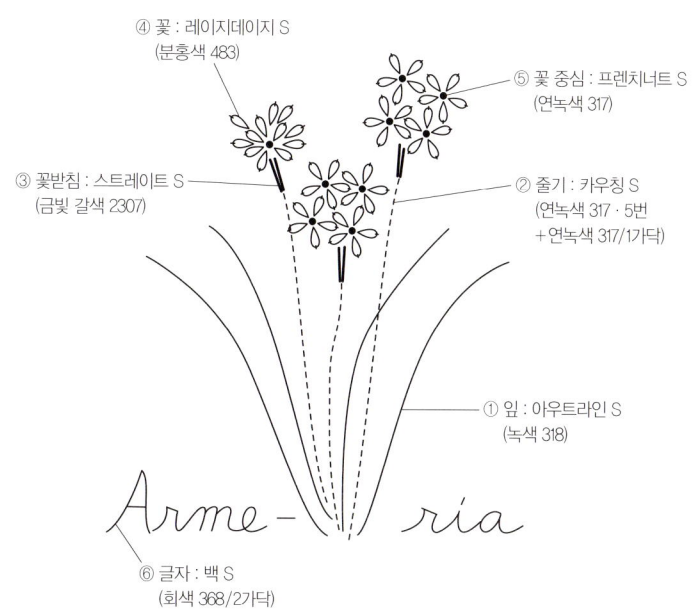

④ 꽃 : 레이지데이지 S
(분홍색 483)

⑤ 꽃 중심 : 프렌치너트 S
(연녹색 317)

③ 꽃받침 : 스트레이트 S
(금빛 갈색 2307)

② 줄기 : 카우칭 S
(연녹색 317 · 5번
+연녹색 317/1가닥)

① 잎 : 아웃라인 S
(녹색 318)

⑥ 글자 : 백 S
(회색 368/2가닥)

작은 분홍색 꽃이 공 모양으로 모여 피며. 화단 가장자리에 심기 좋습니다. 화분에 심을 때에는 조개껍데기와 함께 줄지어 심으면 돋보인답니다.

42 미야코와스레
Miyakowasure

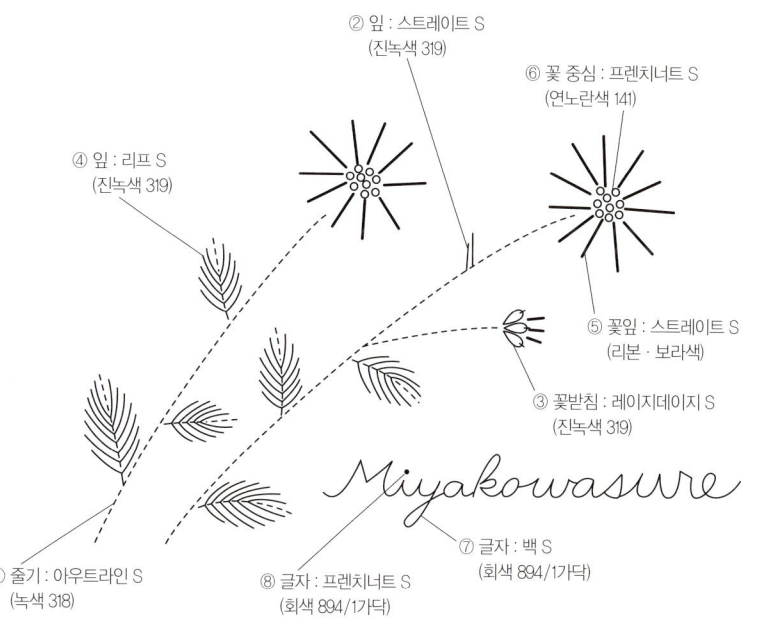

② 잎 : 스트레이트 S
(진녹색 319)

⑥ 꽃 중심 : 프렌치너트 S
(연노란색 141)

④ 잎 : 리프 S
(진녹색 319)

⑤ 꽃잎 : 스트레이트 S
(리본 · 보라색)

③ 꽃받침 : 레이지데이지 S
(진녹색 319)

① 줄기 : 아웃라인 S
(녹색 318)

⑧ 글자 : 프렌치너트 S
(회색 894/1가닥)

⑦ 글자 : 백 S
(회색 894/1가닥)

그늘 정원에 안성맞춤인 꽃이에요. 일본 원산의 꽃인데 정원의 주된 장소에 심어 두면 키우기 수월해서 좋아요. 한꺼번에 심으면 같은 높이로 피어서 볼륨감이 생겨요.

Spring

43 남바람꽃
Nirinsou(Wind Flower)

④ 꽃 중심 : 프렌치너트 S (노란색 701)
③ 꽃잎 : 새틴 S (흰색 100)
① 줄기 : 아우트라인 S (연갈색 368)
② 잎 : 스트레이트 S (황록색 2631)
⑥ 글자 : 프렌치너트 S (회색 894/1가닥)
⑤ 글자 : 백 S (회색 894/1가닥)

길고 짧은 꽃을 두 송이 피워 일본에서는 '니린소'라고 부릅니다. 숲의 습한 곳에서 자라므로 정원의 그늘에 심으면 봄에 별 모양으로 핍니다. 최근 관심이 생긴 산야초 중 하나입니다.

44 멀티콜
Multicaule

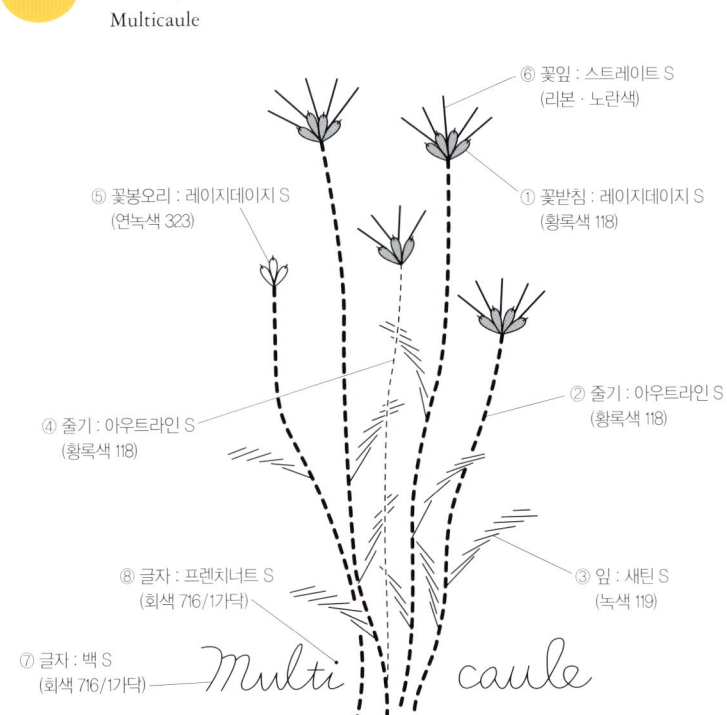

⑥ 꽃잎 : 스트레이트 S (리본·노란색)
① 꽃받침 : 레이지데이지 S (황록색 118)
⑤ 꽃봉오리 : 레이지데이지 S (연녹색 323)
② 줄기 : 아우트라인 S (황록색 118)
④ 줄기 : 아우트라인 S (황록색 118)
③ 잎 : 새틴 S (녹색 119)
⑧ 글자 : 프렌치너트 S (회색 716/1가닥)
⑦ 글자 : 백 S (회색 716/1가닥)

정원의 색채 계획에 노란색과 빨간색을 넣지 않지만. 봄에만은 노란색을 사용해요. 광택이 있는 노란색 꽃이 일제히 피면 그곳에 봄 빛을 모아 놓은 듯 보이거든요.

※ 코스모 자수 실 25번을 사용하고, 별다른 지시가 없으면 '3가닥'으로 수놓습니다. ※ 리본은 3.5mm 폭의 자수용 리본을 사용합니다.

Spring

45 자운영
Renge(Chinese Milkvetch)

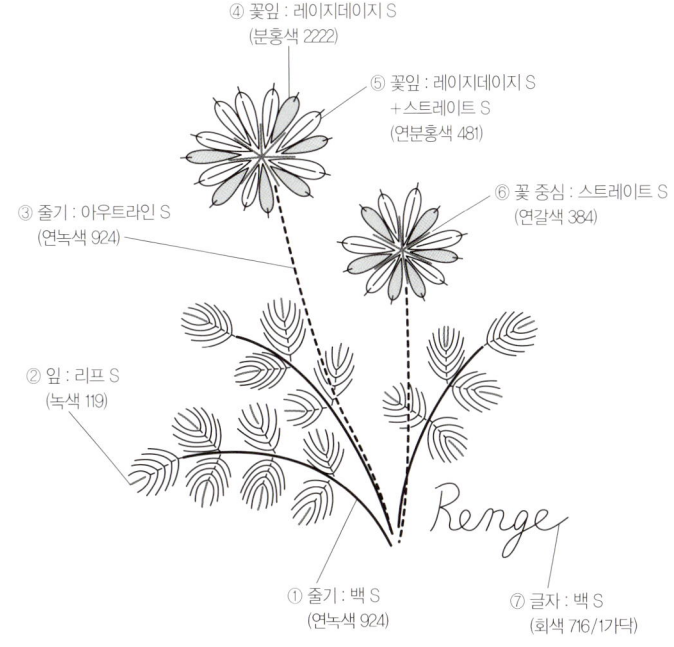

④ 꽃잎 : 레이지데이지 S
(분홍색 2222)

⑤ 꽃잎 : 레이지데이지 S
+스트레이트 S
(연분홍색 481)

③ 줄기 : 아웃라인 S
(연녹색 924)

⑥ 꽃 중심 : 스트레이트 S
(연갈색 384)

② 잎 : 리프 S
(녹색 119)

① 줄기 : 백 S
(연녹색 924)

⑦ 글자 : 백 S
(회색 716/1가닥)

분홍색 자운영이 흐드러지게 핀 꽃밭을 보면 어린 시절로 되돌아가는 듯합니다. 해가 질 때까지 꽃을 따서 놀던 때로 말이지요. 정원에 피는 꽃은 아니지만 소꿉친구처럼 그립고 편안하게 느껴집니다.

46 자스민
Jasminum

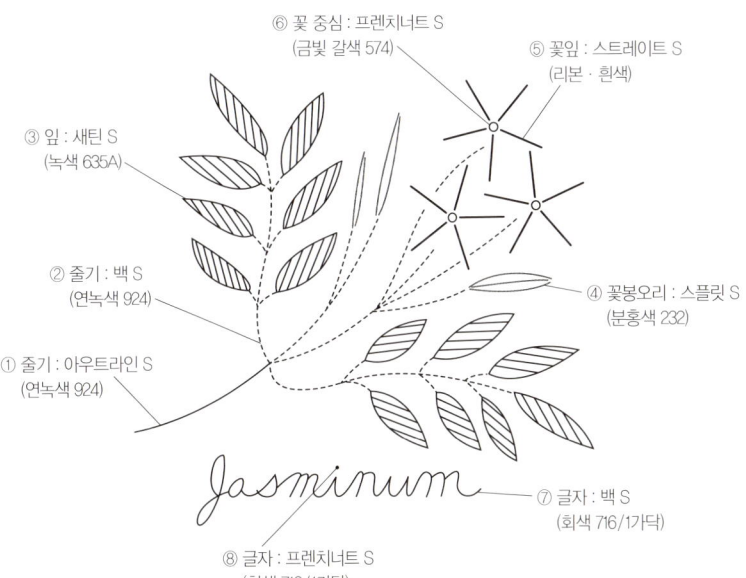

⑥ 꽃 중심 : 프렌치너트 S
(금빛 갈색 574)

⑤ 꽃잎 : 스트레이트 S
(리본・흰색)

③ 잎 : 새틴 S
(녹색 635A)

② 줄기 : 백 S
(연녹색 924)

④ 꽃봉오리 : 스플릿 S
(분홍색 232)

① 줄기 : 아웃라인 S
(연녹색 924)

⑦ 글자 : 백 S
(회색 716/1가닥)

⑧ 글자 : 프렌치너트 S
(회색 716/1가닥)

덩굴을 뻗으면서 향기로운 작은 꽃을 송이 형태로 피웁니다. 땅에 심었더니 두 해째부터 무럭무럭 자라서 나무처럼 변했습니다. 놀랄 정도로 꽃이 많이 펴서 이국적인 향이 온 집 안에 감돌았어요.

Spring

47 블루데이지
Blue daisy

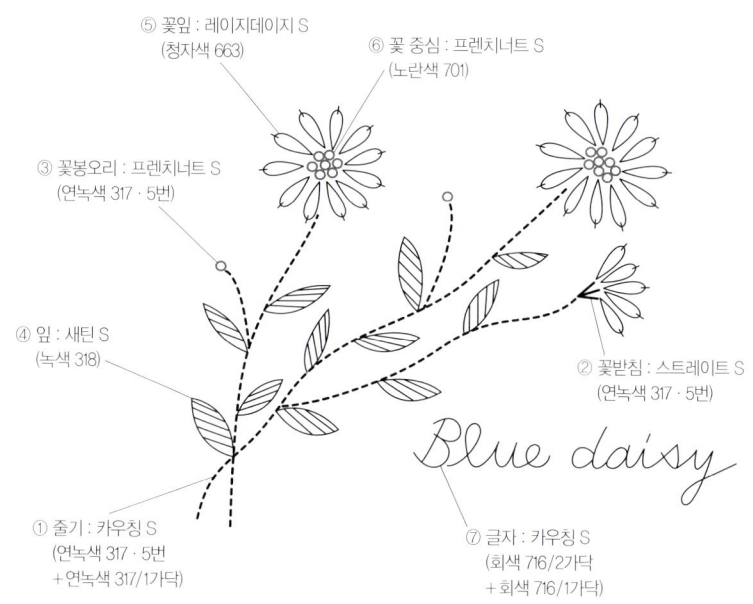

- ⑤ 꽃잎 : 레이지데이지 S (청자색 663)
- ⑥ 꽃 중심 : 프렌치너트 S (노란색 701)
- ③ 꽃봉오리 : 프렌치너트 S (연녹색 317 · 5번)
- ④ 잎 : 새틴 S (녹색 318)
- ② 꽃받침 : 스트레이트 S (연녹색 317 · 5번)
- ① 줄기 : 카우칭 S (연녹색 317 · 5번 + 연녹색 317/1가닥)
- ⑦ 글자 : 카우칭 S (회색 716/2가닥 + 회색 716/1가닥)

화분 재배가 많은 꽃입니다. 꽃이 한가득 피었을 때 정리를 겸해서 자른 뒤, 정원에서 뻗어 나온 팬지나 보라색 계열의 비올라와 함께 장식하면 멋진 플라워 어레인지먼트가 완성됩니다.

48 림난테스
Limnanthes

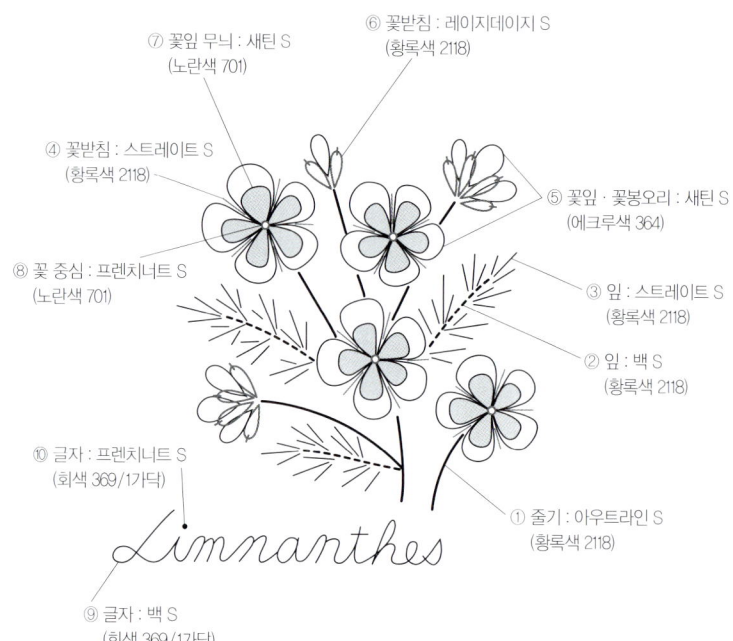

- ⑦ 꽃잎 무늬 : 새틴 S (노란색 701)
- ⑥ 꽃받침 : 레이지데이지 S (황록색 2118)
- ④ 꽃받침 : 스트레이트 S (황록색 2118)
- ⑤ 꽃잎 · 꽃봉오리 : 새틴 S (에크루색 364)
- ⑧ 꽃 중심 : 프렌치너트 S (노란색 701)
- ③ 잎 : 스트레이트 S (황록색 2118)
- ② 잎 : 백 S (황록색 2118)
- ⑩ 글자 : 프렌치너트 S (회색 369/1가닥)
- ① 줄기 : 아웃라인 S (황록색 2118)
- ⑨ 글자 : 백 S (회색 369/1가닥)

달걀처럼 보이는 이 꽃은 '프라이드 에그'라고도 불러요. 귀엽고 재미난 꽃이지만, 튀어 보이기 때문에 포인트로 사용하면 효과적이에요.

※ 코스모 자수 실 25번을 사용하고, 별다른 지시가 없으면 '3가닥'으로 수놓습니다. ※ '5번'은 코스모 자수 실 5번을 가리킵니다. ※ 리본은 3.5mm 폭의 자수용 리본을 사용합니다.

Spring

49 이베리스
Iberis

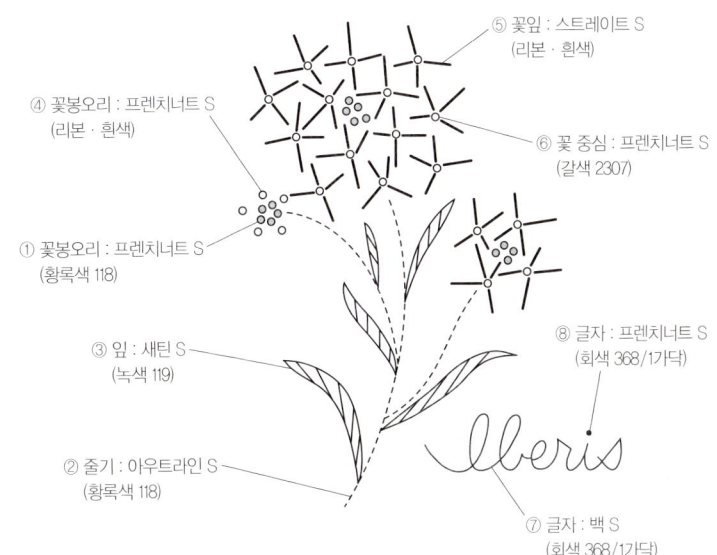

⑤ 꽃잎 : 스트레이트 S
(리본 · 흰색)

④ 꽃봉오리 : 프렌치너트 S
(리본 · 흰색)

⑥ 꽃 중심 : 프렌치너트 S
(갈색 2307)

① 꽃봉오리 : 프렌치너트 S
(황록색 118)

③ 잎 : 새틴 S
(녹색 119)

⑧ 글자 : 프렌치너트 S
(회색 368/1가닥)

② 줄기 : 아우트라인 S
(황록색 118)

⑦ 글자 : 백 S
(회색 368/1가닥)

꽃잎이 4장인 십자화과 꽃이지만, 독특한 표정이 있어서 정원에서도 돋보입니다. 자세히 보면 큰 꽃잎 2장과 작은 꽃잎 2장으로 이루어져 있습니다. 자수를 할 때에도 그렇게 수놓아 주세요.

50 월플라워
Wallflower

③ 꽃봉오리 : 프렌치너트 S
(녹색 2118)

⑤ 꽃잎 : 새틴 S
(연주황색 403)

④ 꽃잎 : 새틴 S
(주황색 404)

⑥ 꽃 중심 : 프렌치너트 S
(노란색 701)

② 잎 : 리프 S
(녹색 2118)

⑦ 글자 : 백 S
(회색 475/1가닥)

① 줄기 : 카우칭 S
(황록색 118 · 5번+녹색 2118/1가닥)

꽃잎이 4장인 십자화과 꽃입니다. 주황색을 띠는 꽃은 수가 적답니다. 그런 만큼 노란색 그러데이션에 넣거나 파란색 계열과 어우르는 등 잘 사용하고 싶어집니다.

※ 등장하는 꽃 이름은 영명 · 국명 · 학명 · 속명 · 별칭 등을 사용했습니다.

Spring

51 네모필라 (진한 남색)
Nemophila

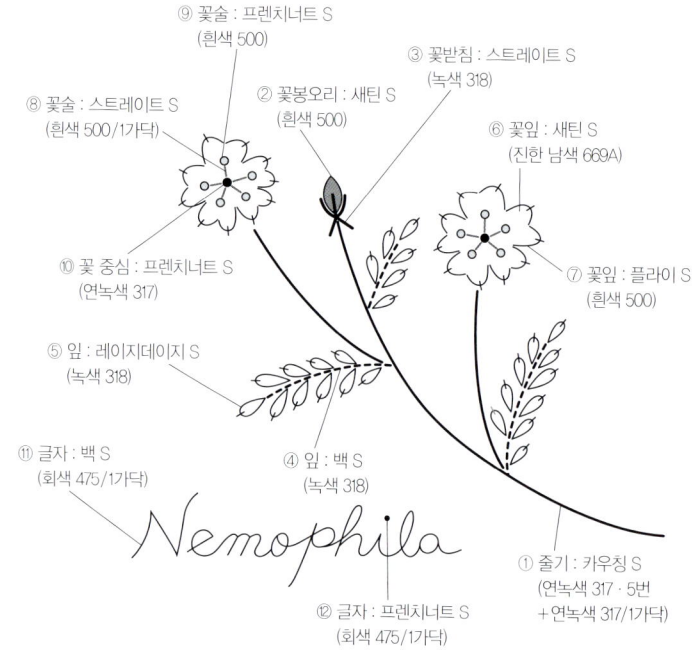

⑨ 꽃술 : 프렌치너트 S (흰색 500)
⑧ 꽃술 : 스트레이트 S (흰색 500/1가닥)
② 꽃봉오리 : 새틴 S (흰색 500)
③ 꽃받침 : 스트레이트 S (녹색 318)
⑥ 꽃잎 : 새틴 S (진한 남색 669A)
⑩ 꽃 중심 : 프렌치너트 S (연녹색 317)
⑦ 꽃잎 : 플라이 S (흰색 500)
⑤ 잎 : 레이지데이지 S (녹색 318)
④ 잎 : 백 S (녹색 318)
⑪ 글자 : 백 S (회색 475/1가닥)
⑫ 글자 : 프렌치너트 S (회색 475/1가닥)
① 줄기 : 카우칭 S (연녹색 317 · 5번 + 연녹색 317/1가닥)

봄에 피는 '네모필라' 하면 밝은 파란색이 떠올라요. 파란색을 많이 볼 수 있지만 '페니 블랙'이라고 부르는 종류도 있습니다. 은은한 색의 꽃 안에 작은 검은색 꽃을 넣으면 포인트 역할을 톡톡히 합니다.

52 캐모마일 (a)
Chamomile

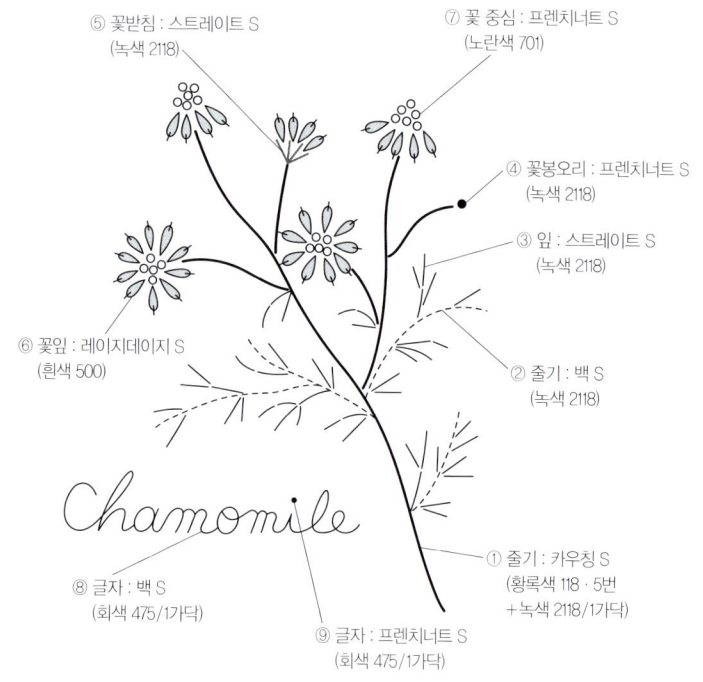

⑤ 꽃받침 : 스트레이트 S (녹색 2118)
⑦ 꽃 중심 : 프렌치너트 S (노란색 701)
④ 꽃봉오리 : 프렌치너트 S (녹색 2118)
③ 잎 : 스트레이트 S (녹색 2118)
⑥ 꽃잎 : 레이지데이지 S (흰색 500)
② 줄기 : 백 S (녹색 2118)
⑧ 글자 : 백 S (회색 475/1가닥)
⑨ 글자 : 프렌치너트 S (회색 475/1가닥)
① 줄기 : 카우칭 S (황록색 118 · 5번 + 녹색 2118/1가닥)

하나만으로는 너무 가녀려 보이므로 땅에 떨어진 씨앗에서 싹을 틔우면 꼭 한데 모아서 심습니다. 꽃철에는 사과 향과 비료 같은 냄새가 섞여서 풍깁니다. 꽃도 향기도 마음을 차분하게 만드는 효과가 있습니다.

※ 코스모 자수 실 25번을 사용하고, 별다른 지시가 없으면 '3가닥'으로 수놓습니다. ※ '5번'은 코스모 자수 실 5번을 가리킵니다. ※ 리본은 3.5mm 폭의 자수용 리본을 사용합니다.

Spring

53 민들레 열매
Dandelion

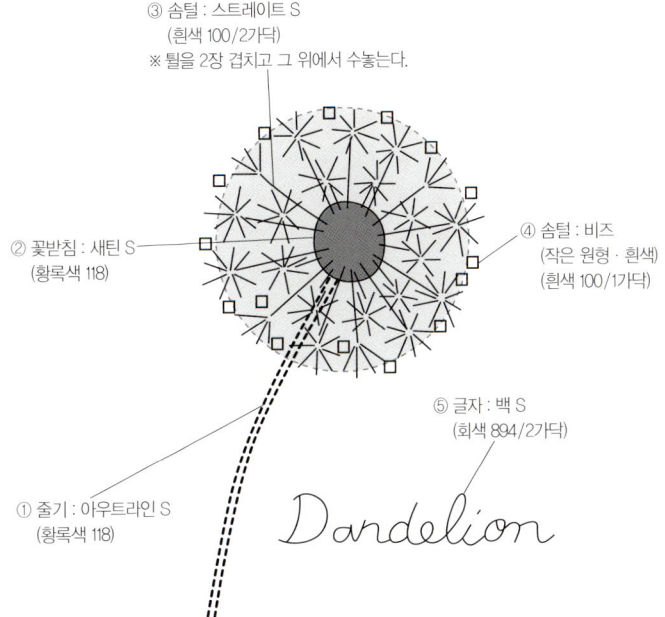

③ 솜털 : 스트레이트 S
(흰색 100/2가닥)
※ 털을 2장 겹치고 그 위에서 수놓는다.

② 꽃받침 : 새틴 S
(황록색 118)

④ 솜털 : 비즈
(작은 원형 · 흰색)
(흰색 100/1가닥)

⑤ 글자 : 백 S
(회색 894/2가닥)

① 줄기 : 아웃트라인 S
(황록색 118)

봄에는 금화 같은 민들레 꽃이 피어요. 그 뒤에 보송보송한 솜털이 달린 수많은 열매가 생기는데 무의식중에 따서 후 하고 불고 싶어집니다. 어디서 날아왔는지 때때로 정원에서도 볼 수 있답니다. 장미 가시에 걸려 있기도 하지요.

54 프리틸라리아
Fritillaria

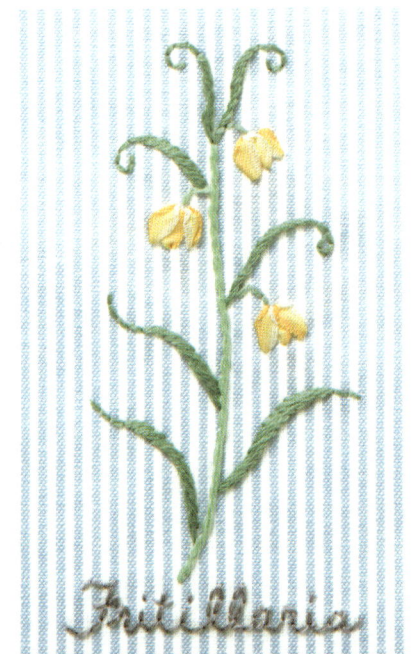

④ 잎 : 아웃트라인 S
(녹색 318)

② 줄기 : 백 S
(연녹색 2317/2가닥)

③ 잎 : 새틴 S
(녹색 318)

⑥ 꽃잎 : 스트레이트 S
(리본 · 노란색 그러데이션)

⑤ 잎 끝부분 : 백 S
(녹색 318/2가닥)

⑦ 글자 : 백 S
(회색 893/2가닥)

① 줄기 : 아웃트라인 S
(연녹색 2317)

그다지 들어 보지 못한 이름이지만 중국패모와 같은 무리에 속합니다. 중국패모는 잎 끝부분이 가늘어져서 둥글게 말립니다. 그 모습을 보는 재미가 있는 꽃이지요.

Spring

55 데이지 (c)
Daisy

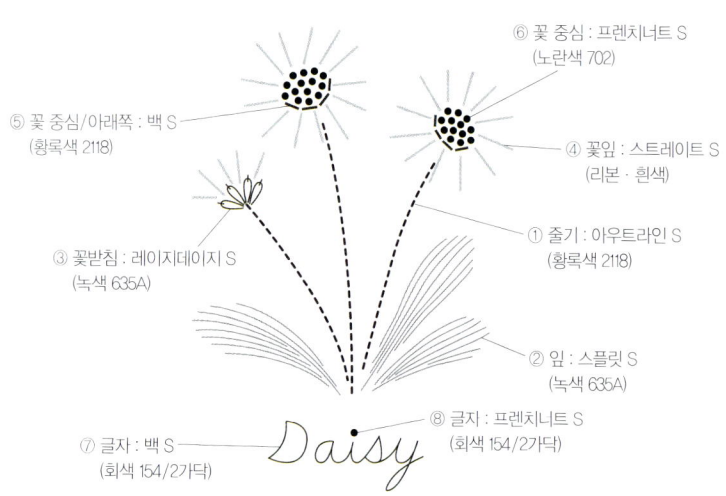

⑥ 꽃 중심 : 프렌치너트 S
(노란색 702)

⑤ 꽃 중심/아래쪽 : 백 S
(황록색 2118)

④ 꽃잎 : 스트레이트 S
(리본 · 흰색)

③ 꽃받침 : 레이지데이지 S
(녹색 635A)

① 줄기 : 아우트라인 S
(황록색 2118)

② 잎 : 스플릿 S
(녹색 635A)

⑦ 글자 : 백 S
(회색 154/2가닥)

⑧ 글자 : 프렌치너트 S
(회색 154/2가닥)

들꽃 믹스 씨앗을 뿌려 들판풍으로 꾸민 컨테이너에서 어느샌가 도망쳐 나와 정원 여기저기에서 꽃을 피운 데이지예요. 앙증맞지만 실은 대단히 강인한 꽃이에요. 벽돌 틈에서 꽃을 피울 정도니까요.

56 라넌큘러스 (분홍색)
Ranunculus

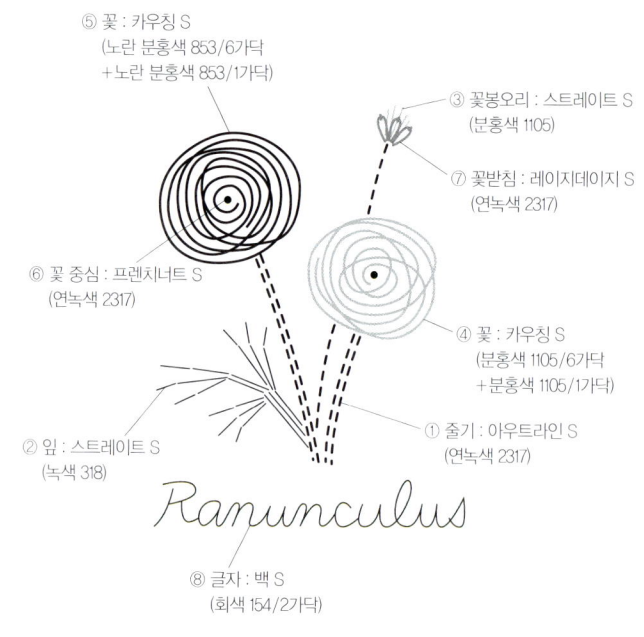

⑤ 꽃 : 카우칭 S
(노란 분홍색 853/6가닥
+노란 분홍색 853/1가닥)

③ 꽃봉오리 : 스트레이트 S
(분홍색 1105)

⑦ 꽃받침 : 레이지데이지 S
(연녹색 2317)

⑥ 꽃 중심 : 프렌치너트 S
(연녹색 2317)

④ 꽃 : 카우칭 S
(분홍색 1105/6가닥
+분홍색 1105/1가닥)

② 잎 : 스트레이트 S
(녹색 318)

① 줄기 : 아우트라인 S
(연녹색 2317)

⑧ 글자 : 백 S
(회색 154/2가닥)

꽃잎이 겹겹이 겹쳐 있는 라넌큘러스는 장미로 비유하자면 올드 로즈나 잉글리시 로즈와 같아요. 꽃의 풍만한 자태와 섬세한 색깔, 휘핑크림 같은 꽃봉오리까지 무엇 하나 버릴 것이 없어요. 그 꽃봉오리 안에 꽃잎이 한가득 들어 있다니, 참 신기하지요.

※ 코스모 자수 실 25번을 사용하고, 별다른 지시가 없으면 '3가닥'으로 수놓습니다. ※ 리본은 3.5mm 폭의 자수용 리본을 사용합니다.

Spring

57 스위트피 (b)
Sweet Pea

⑥ 꽃 : 새틴 S
(분홍색 222)

⑧ 꽃받침 : 스트레이트 S
(연녹색 317)

② 잎 : 레이지데이지 S
(녹색 318)

⑦ 꽃잎 : 새틴 S
(연분홍색 480)

⑤ 줄기·덩굴손 : 백 S
(연녹색 317/2가닥)

④ 줄기 : 아우트라인 S
(연녹색 317)

① 잎 : 새틴 S
(녹색 318)

③ 잎 : 백 S
(녹색 318)

⑨ 글자 : 백 S
(회색 893/2가닥)

스위트피는 씨앗을 뿌린 뒤 싹을 틔우고 성장하는 과정을 즐기는 데에 안성맞춤이에요. 여기저기로 뻗는 덩굴손과 프릴처럼 물결치는 꽃, 달콤한 향과 수많은 씨앗도 얻을 수 있답니다. "10월이 되면 땅에 뿌려요."라며 사람들에게 준 씨앗은 그 수를 헤아릴 수 없어요.

58 포트 메리골드
Pot marigold

⑤ 꽃잎 : 스트레이트 S
(리본·주황색)

② 잎 : 새틴 S
(녹색 2118)

④ 줄기 : 아우트라인 S
(황록색 2117)

③ 꽃받침 : 스트레이트 S
(녹색 2118)

⑥ 꽃 중심 : 프렌치너트 S
(주황색 145)

① 잎 : 리프 S
(녹색 2118)

⑧ 글자 : 프렌치너트 S
(회색 893/2가닥)

⑦ 글자 : 백 S
(회색 893/2가닥)

포트 메리골드는 '금잔화'라고도 불러요. 꽃잎이 많이 겹쳐 있는 통통한 종류 외에 홑꽃이나 작은 종류도 있습니다. 따스한 질감의 꽃은 소박한 꽃 그릇에 잘 어울립니다.

Spring

59 양귀비
Poppy

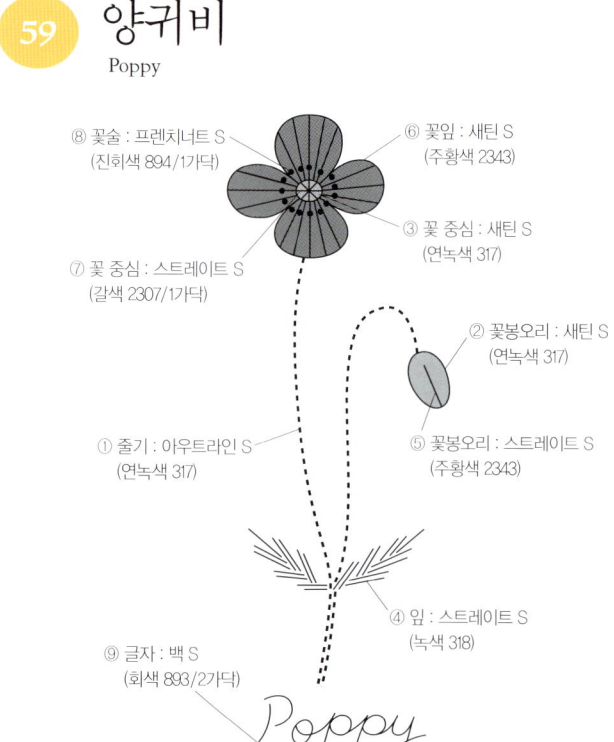

⑧ 꽃술 : 프렌치너트 S (진회색 894/1가닥)
⑥ 꽃잎 : 새틴 S (주황색 2343)
⑦ 꽃 중심 : 스트레이트 S (갈색 2307/1가닥)
③ 꽃 중심 : 새틴 S (연녹색 317)
② 꽃봉오리 : 새틴 S (연녹색 317)
① 줄기 : 아우트라인 S (연녹색 317)
⑤ 꽃봉오리 : 스트레이트 S (주황색 2343)
④ 잎 : 스트레이트 S (녹색 318)
⑨ 글자 : 백 S (회색 893/2가닥)

친근한 양귀비라 하면 주황색의 좀양귀비를 꼽을 수 있어요. 공터 등에 모여 살며 바람에 살랑거리는 모습은 덧없어 보이지만, 다부지게 증식하는 귀화 식물입니다.

60 스트로베리 캔들 (b)
Strawberry Candle

② 꽃받침 : 스트레이트 S (녹색 318)
③ 줄기 : 아우트라인 S (녹색 318)
⑤ 잎 : 새틴 S (녹색 318)
① 꽃 : 레이지데이지 S (빨간색 855)
⑪ 글자 : 백 S (회색 892/2가닥)
④ 줄기 : 백 S+스트레이트 S (녹색 318)

⑥~⑩ 벌
⑩ 스트레이트 S (진회색 895/1가닥)
⑥ 새틴 S (금빛 갈색 2307)
⑧ 스트레이트 S (진회색 895/2가닥)
⑨ 스트레이트 S (진회색 895/2가닥)
⑦ 레이지데이지 S (에크루색 364)

들에서 볼 수 있는 토끼풀과 같은 무리에 속해요. 콩과 식물은 잎을 보면 바로 구별이 가능하지요. 정원보다 컨테이너에 심으면 가지런해져서 예쁘게 보여요. 해마다 빨간색은 매치하기 어렵다는 걸 알면서도 씨앗을 뿌릴까 말까 망설여요.

※ 코스모 자수 실 25번을 사용하고, 별다른 지시가 없으면 '3가닥'으로 수놓습니다.

Spring

61 블루 우드러프
Blue Woodruff

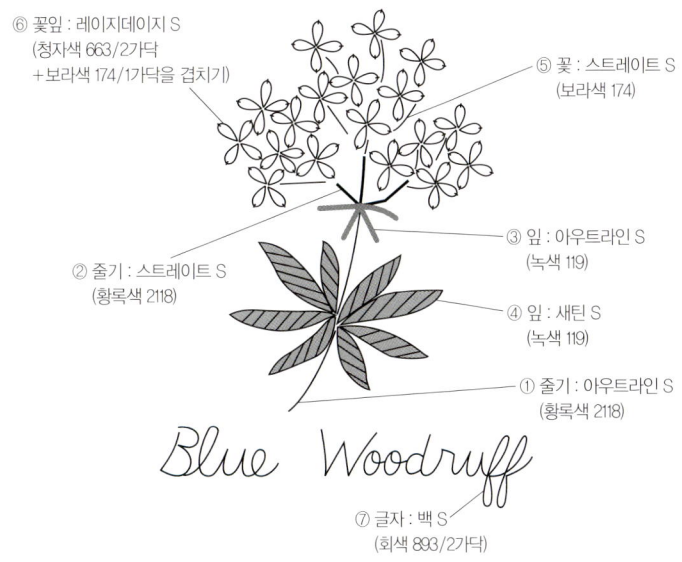

⑥ 꽃잎 : 레이지데이지 S
(청자색 663/2가닥
+보라색 174/1가닥을 겹치기)

⑤ 꽃 : 스트레이트 S
(보라색 174)

② 줄기 : 스트레이트 S
(황록색 2118)

③ 잎 : 아웃트라인 S
(녹색 119)

④ 잎 : 새틴 S
(녹색 119)

① 줄기 : 아웃트라인 S
(황록색 2118)

⑦ 글자 : 백 S
(회색 893/2가닥)

잎이 바퀴 모양으로 달려 있어요. 제 정원에서는 여러해살이풀인 흰색 우드러프를 나무 밑동에 심었는데, 그 작은 꽃은 초봄의 가련한 꽃을 돋보이게 해 줘요. 지피 식물로도 쓸 수 있어요.

62 아이비베리
Ivyberry

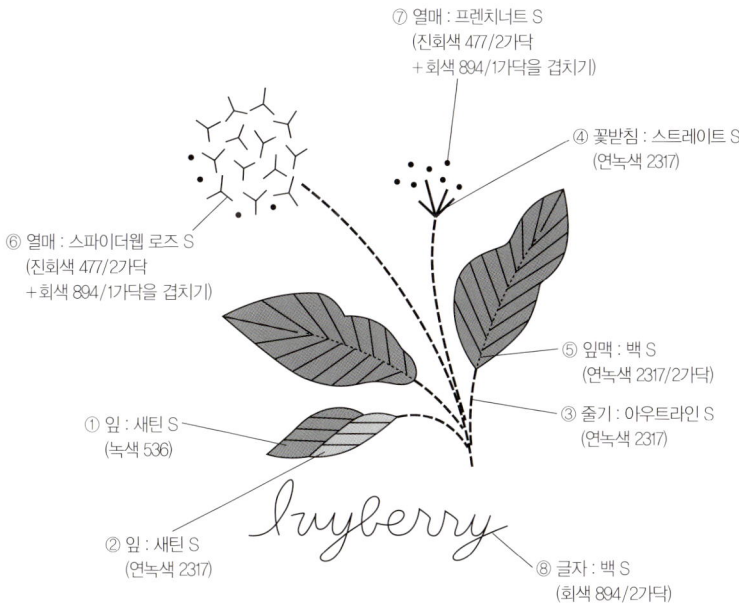

⑦ 열매 : 프렌치너트 S
(진회색 477/2가닥
+회색 894/1가닥을 겹치기)

④ 꽃받침 : 스트레이트 S
(연녹색 2317)

⑥ 열매 : 스파이더웹 로즈 S
(진회색 477/2가닥
+회색 894/1가닥을 겹치기)

⑤ 잎맥 : 백 S
(연녹색 2317/2가닥)

③ 줄기 : 아웃트라인 S
(연녹색 2317)

① 잎 : 새틴 S
(녹색 536)

② 잎 : 새틴 S
(연녹색 2317)

⑧ 글자 : 백 S
(회색 894/2가닥)

정원에 핀 꽃을 따서 방에 장식하는 것이 일상의 일부가 되었어요. 간단한 플라워 어레인지먼트를 잎과 열매 소재가 수준 높게 만들어 줘요. 색깔 중에서는 어두운 색이 포인트가 되어 줍니다. 아이비베리도 정원에 심으면 쓸모가 많아요.

※ 각 계절마다 작품이 제작된 순으로 도안을 실었습니다. 색깔이나 스티치를 달리해서 같은 꽃이 중복해 등장하는 경우가 있습니다.

Spring

63 마거리트 (분홍색)
Marguerite

① 꽃봉오리 : 레이지데이지 S (연녹색 317)
② 줄기 : 아우트라인 S (연녹색 317)
⑥ 꽃 중심 : 프렌치너트 S (노란색 702)
④ 꽃잎 : 스트레이트 S (리본·분홍색)
⑤ 꽃 중심/아래쪽 : 백 S (연녹색 317/2가닥)
③ 잎 : 스트레이트 S (녹색 318)
⑦ 글자 : 백 S (회색 894/2가닥)

여왕의 이름이 될 만큼 전 세계인에게 사랑받는 꽃입니다. 예전에 꽃을 찍는 사진가가 "꽃의 기본이죠."라고 말했던 일이 인상에 남아요. 해마다 꼭 아이비와 같이 컨테이너에 심어서 현관 포치에 둡니다. 저에게도 기본 꽃 중 하나입니다.

64 머틀
Myrtle

⑨ 꽃술 : 프렌치너트 S (에크루색 364/1가닥)
⑧ 꽃술 : 스트레이트 S (에크루색 364/1가닥)
⑦ 꽃 : 새틴 S (에크루색 364)
⑥ 꽃봉오리 : 새틴 S (에크루색 364)
③ 잎 : 새틴 S (녹색 119)
④ 잎 : 레이지데이지 S (녹색 119)
② 줄기 : 백 S (갈색 368)
⑤ 꽃봉오리 : 프렌치너트 S (에크루색 364)
⑩ 글자 : 백 S (회색 893/2가닥)
① 줄기 : 카우칭 S (갈색 368·5번+갈색 368/1가닥)

'은매화'라고도 부르고, 봄에는 꽃술이 돋보이는 흰색 꽃을 피워요. 가을에는 광택이 없는 어두운 남색의 열매가 달리지만, 깜빡했다가는 새가 후다닥 먹어 치운답니다. 상록성이고 잎에도 좋은 향이 나므로 추천하는 정원수예요.

※ 코스모 자수 실 25번을 사용하고, 별다른 지시가 없으면 '3가닥'으로 수놓습니다. ※ '5번'은 코스모 자수 실 5번을 가리킵니다. ※ 리본은 3.5mm 폭의 자수용 리본을 사용합니다.

65 네모필라 (파란색)
Nemophila

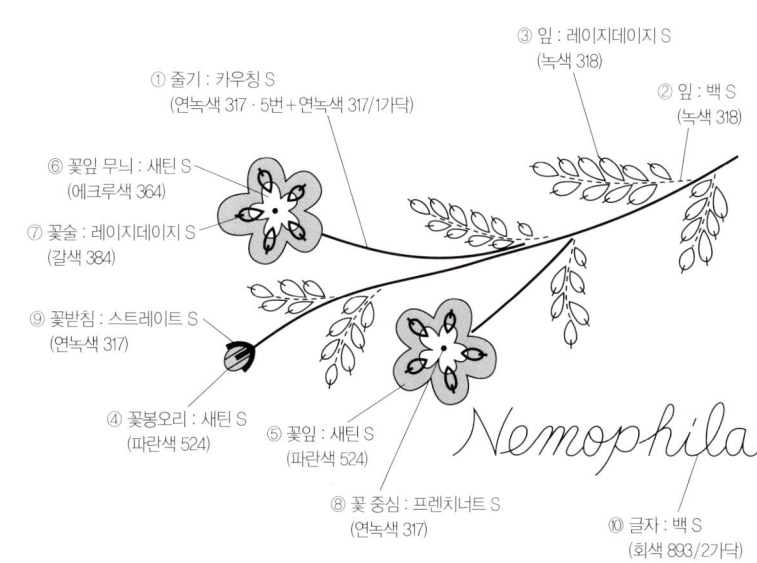

① 줄기 : 카우칭 S
(연녹색 317 · 5번＋연녹색 317/1가닥)

⑥ 꽃잎 무늬 : 새틴 S
(에크루색 364)

⑦ 꽃술 : 레이지데이지 S
(갈색 384)

③ 잎 : 레이지데이지 S
(녹색 318)

② 잎 : 백 S
(녹색 318)

⑨ 꽃받침 : 스트레이트 S
(연녹색 317)

④ 꽃봉오리 : 새틴 S
(파란색 524)

⑤ 꽃잎 : 새틴 S
(파란색 524)

⑧ 꽃 중심 : 프렌치너트 S
(연녹색 317)

⑩ 글자 : 백 S
(회색 893/2가닥)

파란 꽃이라고 해도 대부분 보라색이지만 네모필라는 푸른 하늘을 닮은 파란색 꽃이에요. 꽃이 피면 언제나 생각보다 크기가 큰데, 노란 꽃과 매치하면 한층 더 두드러져 보입니다. TV에서 네모필라 언덕을 보았는데, 하늘도 발밑도 모두 파란색이라서 굉장히 상쾌한 풍경이었어요.

66 캐모마일 (b)
Chamomile

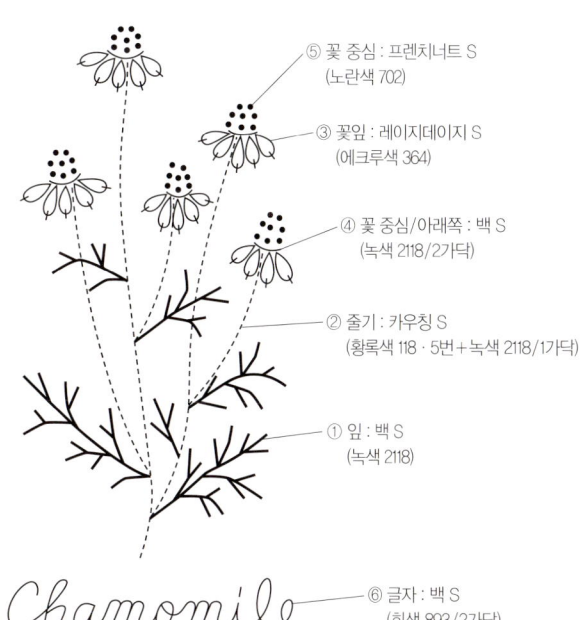

⑤ 꽃 중심 : 프렌치너트 S
(노란색 702)

③ 꽃잎 : 레이지데이지 S
(에크루색 364)

④ 꽃 중심/아래쪽 : 백 S
(녹색 2118/2가닥)

② 줄기 : 카우칭 S
(황록색 118 · 5번＋녹색 2118/1가닥)

① 잎 : 백 S
(녹색 2118)

⑥ 글자 : 백 S
(회색 893/2가닥)

사과 향이 나는 유용한 허브입니다. 땅 여기저기에 씨앗을 퍼뜨려 싹을 틔우고 꽃을 피웁니다. 토끼가 주인공인 영국 이야기책에 속이 좋지 않은 아기 토끼에게 엄마 토끼가 카밀러 차를 마시게 하는 장면이 있습니다. 캐모마일을 '카밀러'라고도 부른답니다.

※ 각 계절마다 작품이 제작된 순으로 도안을 실었습니다. 색깔이나 스티치를 달리해서 같은 꽃이 중복해 등장하는 경우가 있습니다.

Spring

67 아주가
Ajuga

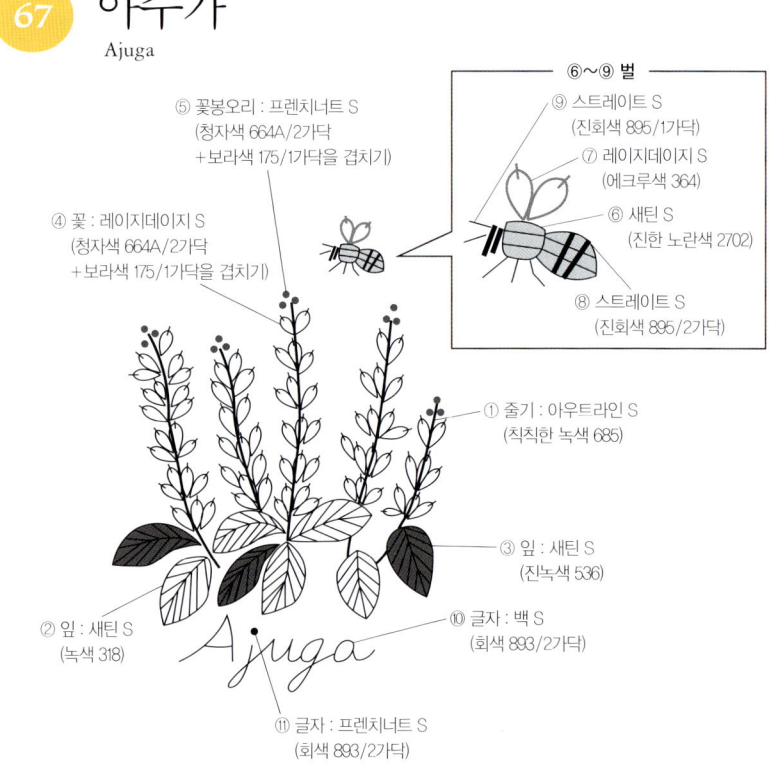

⑤ 꽃봉오리 : 프렌치너트 S
(청자색 664A/2가닥
+보라색 175/1가닥을 겹치기)

④ 꽃 : 레이지데이지 S
(청자색 664A/2가닥
+보라색 175/1가닥을 겹치기)

⑥~⑨ 벌
⑨ 스트레이트 S
(진회색 895/1가닥)
⑦ 레이지데이지 S
에크루색 364
⑥ 새틴 S
(진한 노란색 2702)
⑧ 스트레이트 S
(진회색 895/2가닥)

① 줄기 : 아웃라인 S
(칙칙한 녹색 685)

③ 잎 : 새틴 S
(진녹색 536)

② 잎 : 새틴 S
(녹색 318)

⑩ 글자 : 백 S
(회색 893/2가닥)

⑪ 글자 : 프렌치너트 S
(회색 893/2가닥)

지피 식물로 심었지만 꽃철에는 꽃이삭이 한가득 올라와서 눈이 번쩍 뜨일 만큼 아름다운 청자색 양탄자가 됩니다. 가장자리가 초콜릿색이나 흰색인 잎도 있어서 꽃이 피지 않는 계절에도 유용합니다.

68 앵초
Primula

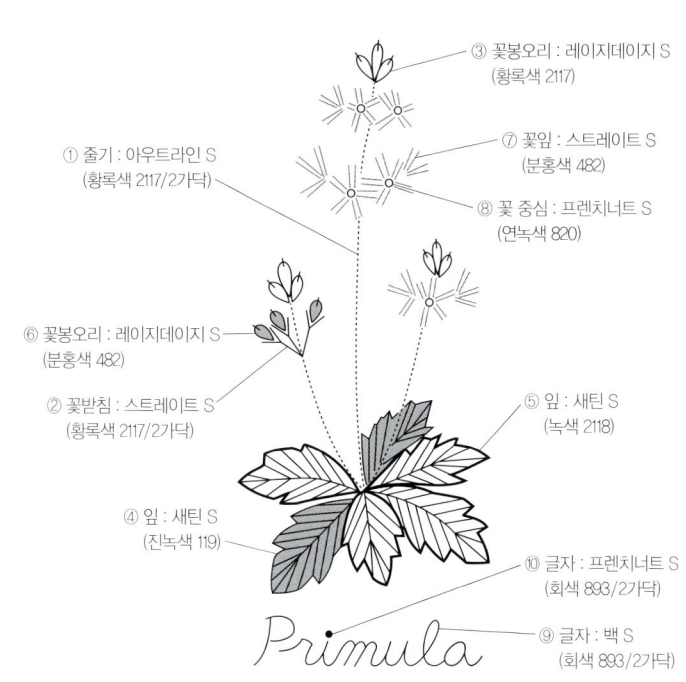

③ 꽃봉오리 : 레이지데이지 S
(황록색 2117)

① 줄기 : 아웃라인 S
(황록색 2117/2가닥)

⑦ 꽃잎 : 스트레이트 S
(분홍색 482)

⑧ 꽃 중심 : 프렌치너트 S
(연녹색 820)

⑥ 꽃봉오리 : 레이지데이지 S
(분홍색 482)

② 꽃받침 : 스트레이트 S
(황록색 2117/2가닥)

⑤ 잎 : 새틴 S
(녹색 2118)

④ 잎 : 새틴 S
(진녹색 119)

⑩ 글자 : 프렌치너트 S
(회색 893/2가닥)

⑨ 글자 : 백 S
(회색 893/2가닥)

전통 원예 식물인 앵초는 많은 애호가가 재배하는데, 이 자수의 모티프는 '프리뮬러 말라코이데스'예요. 땅에 씨앗을 떨어뜨려 매년 흰색과 분홍색 꽃을 활기 넘치게 사방에 피웁니다. 하나만 보면 청초한 느낌인데, 컨테이너나 화분에 빼곡히 심으면 화려해 보여요.

※ 코스모 자수 실 25번을 사용하고, 별다른 지시가 없으면 '3가닥'으로 수놓습니다.

초여름

Early Summer

슬슬 반소매 원피스가
입고 싶어질 즈음,
정원도 봄에서 여름으로
옷을 갈아입어요.
오랜 비가 갠 뒤,
눈부시게 반짝이는
이 순간이 좋아요.

69 장미 (스위트 줄리엣)
Sweet Juliet

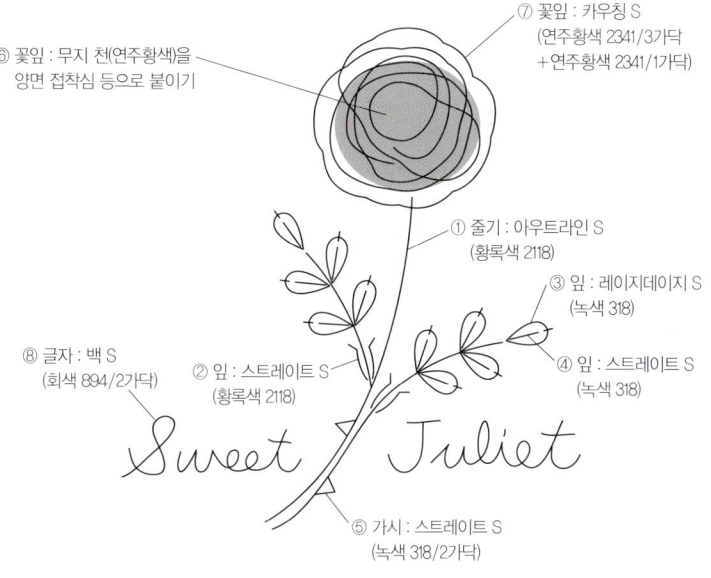

살구색 잉글리시 로즈입니다. 덩굴장미로 기르면 초여름에는 넘칠 듯이 꽃을 피웁니다. 통통한 꽃봉오리에서 컵형으로 꽃이 피고, 향은 벌꿀과 비슷합니다.

봄

초여름

※ 등장하는 꽃 이름은 영명·국명·학명·속명·별칭 등을 사용합니다.

Early Summer

70 토끼풀
Clover

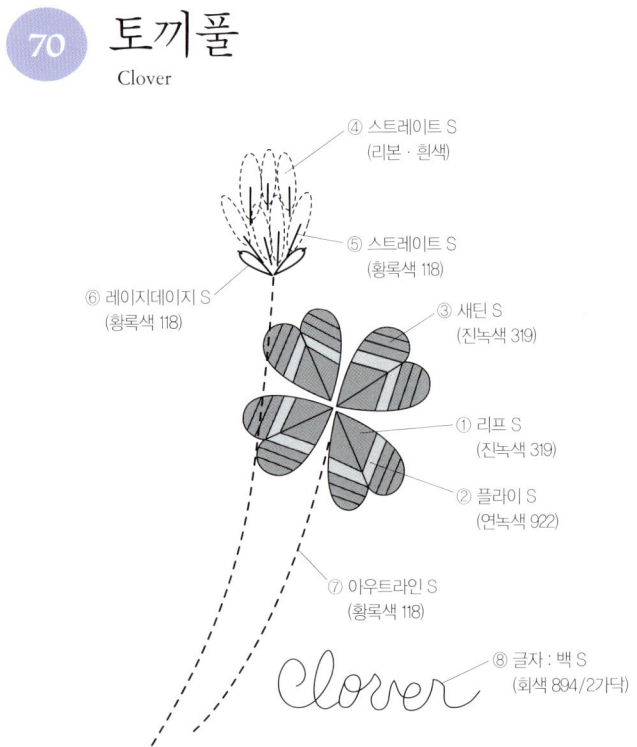

④ 스트레이트 S (리본·흰색)
⑤ 스트레이트 S (황록색 118)
⑥ 레이지데이지 S (황록색 118)
③ 새틴 S (진녹색 319)
① 리프 S (진녹색 319)
② 플라이 S (연녹색 922)
⑦ 아우트라인 S (황록색 118)
⑧ 글자 : 백 S (회색 894/2가닥)

어디서나 흔하게 볼 수 있는 토끼풀은 사실 귀화 식물이에요. 꿀벌이 모이는 꽃으로 오가닉 가든에도 심어요. 밤이 되면 잎을 오므리고 잔다는 사실, 알고 계셨나요?

71 미니 장미 (노란색)
Miniature Rose

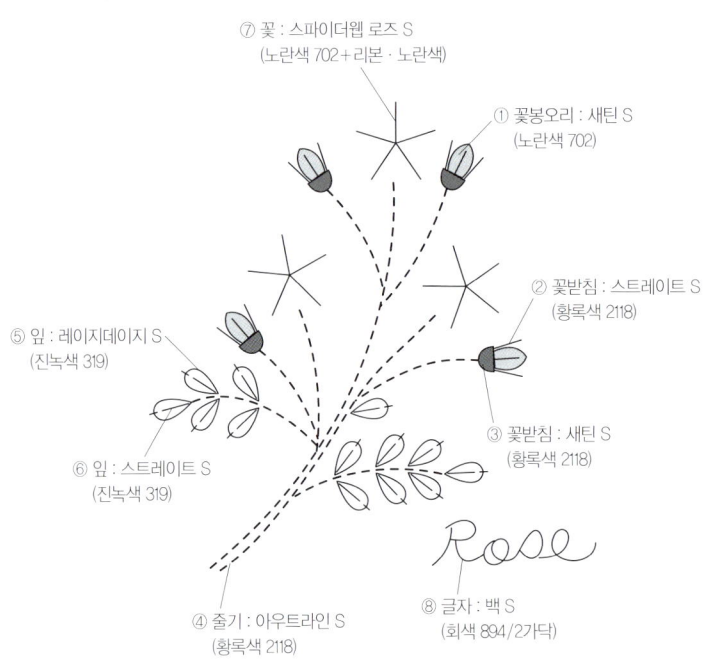

⑦ 꽃 : 스파이더웹 로즈 S (노란색 702+리본·노란색)
① 꽃봉오리 : 새틴 S (노란색 702)
② 꽃받침 : 스트레이트 S (황록색 2118)
⑤ 잎 : 레이지데이지 S (진녹색 319)
③ 꽃받침 : 새틴 S (황록색 2118)
⑥ 잎 : 스트레이트 S (진녹색 319)
④ 줄기 : 아우트라인 S (황록색 2118)
⑧ 글자 : 백 S (회색 894/2가닥)

정원에 더 이상 장미를 심을 수 없게 되자 미니 장미를 모으기 시작했답니다. 컨테이너 재배라도 손톱만 한 꽃봉오리에서 차례로 꽃을 피웁니다. 매일 쓰는 유리컵에 꽂아서 즐기고 있습니다.

※ 코스모 자수 실 25번을 사용하고, 별다른 지시가 없으면 '3가닥'으로 수놓습니다. ※ 리본은 3.5mm 폭의 자수용 리본을 사용합니다.

Early Summer

72 딜
Dill

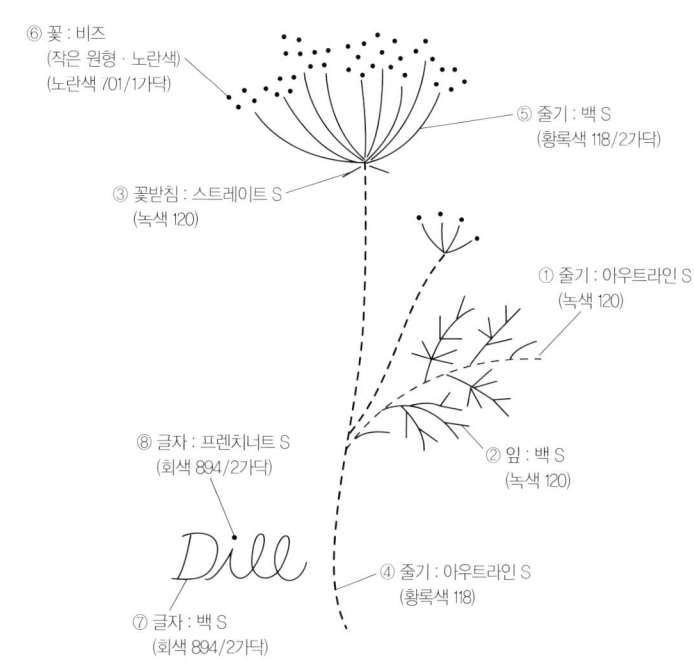

⑥ 꽃 : 비즈
(작은 원형·노란색)
(노란색 /01/1가닥)

⑤ 줄기 : 백 S
(황록색 118/2가닥)

③ 꽃받침 : 스트레이트 S
(녹색 120)

① 줄기 : 아우트라인 S
(녹색 120)

② 잎 : 백 S
(녹색 120)

⑧ 글자 : 프렌치너트 S
(회색 894/2가닥)

④ 줄기 : 아우트라인 S
(황록색 118)

⑦ 글자 : 백 S
(회색 894/2가닥)

향은 기억과 가장 결부되기 쉽다고 합니다. 딜의 향은 저에게 스웨덴의 일상을 생각나게 해요. 요리에도 자주 사용했어요. 개성적인 꽃 모양도 좋아합니다.

73 타임
Thyme

③ 꽃받침 : 스트레이트 S
(녹색 318)

④ 꽃 : 레이지데이지 S
(분홍색 222)

⑤ 꽃봉오리 : 프렌치너트 S
(분홍색 222)

② 잎 : 레이지데이지 S
(녹색 318)

① 줄기 : 아우트라인 S
(황록색 2118)

⑥ 글자 : 백 S
(회색 893/2가닥)

초여름

어릴 때 읽은 이야기에 나온 '좋은 향이 나는 입사향초'가 타임이었다는 사실을 허브에 흥미를 가진 뒤 알게 되었어요. 과거의 수수께끼가 풀린 계기로 허브의 수를 차례차례 늘렸음은 두말할 나위가 없지요.

※ 각 계절마다 작품이 제작된 순으로 도안을 실었습니다. 색깔이나 스티치를 달리해서 같은 꽃이 중복해 등장하는 경우가 있습니다.

Early Summer

74 블루베리
Blueberry

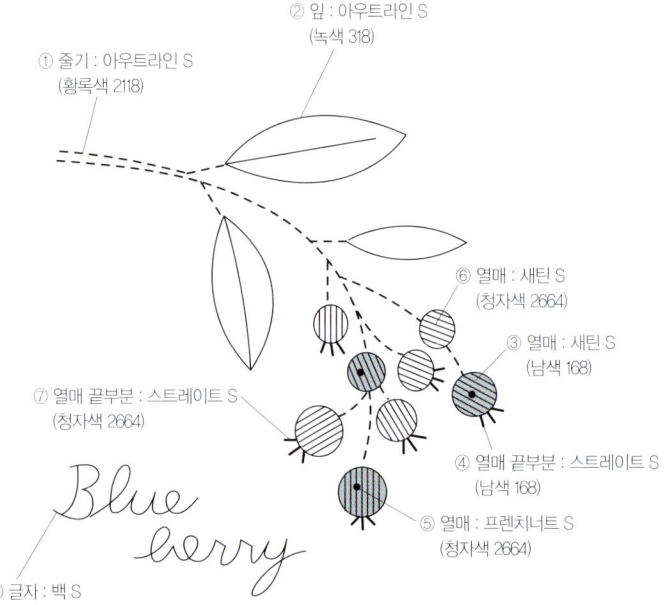

베리류는 장미과가 많은데 블루베리는 진달래과로, 작은 종 모양의 꽃을 피웁니다. 푸른빛을 띤 녹색 열매에 붉은빛이 감돌면서 차츰 어두운 남색으로 변하는 모습은 아무리 봐도 싫증 나지 않습니다.

75 스카비오사 (연지색)
Scabiosa

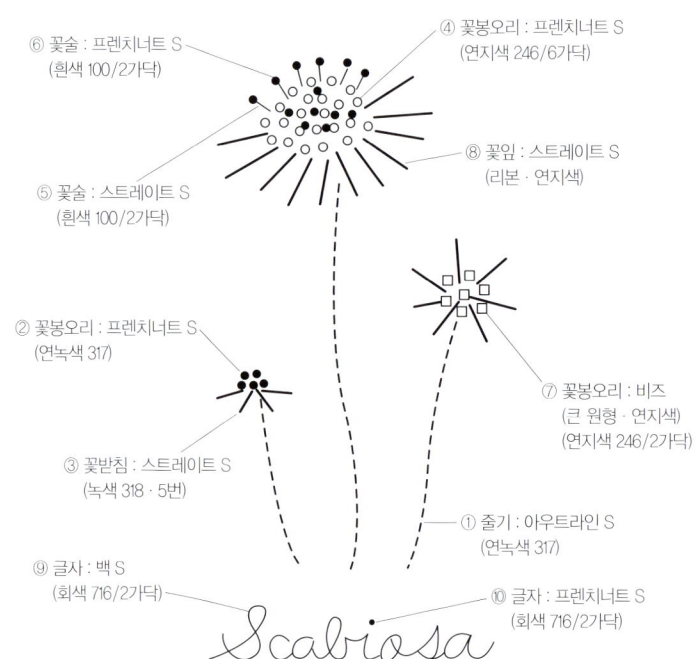

수많은 꽃 색깔 가운데 검은색에 가까운 검붉은색을 띠어 개성적이에요. 주연보다는 전체를 다잡아 주는 조연으로, 향신료 같은 효과가 있습니다. 흰 꽃술도 근사합니다.

※ 코스모 자수 실 25번을 사용하고, 별다른 지시가 없으면 '3가닥'으로 수놓습니다. ※ '5번'은 코스모 자수 실 5번을 가리킵니다. ※ 리본은 3.5mm 폭의 자수용 리본을 사용합니다.

Early Summer

76 차이브
Chives

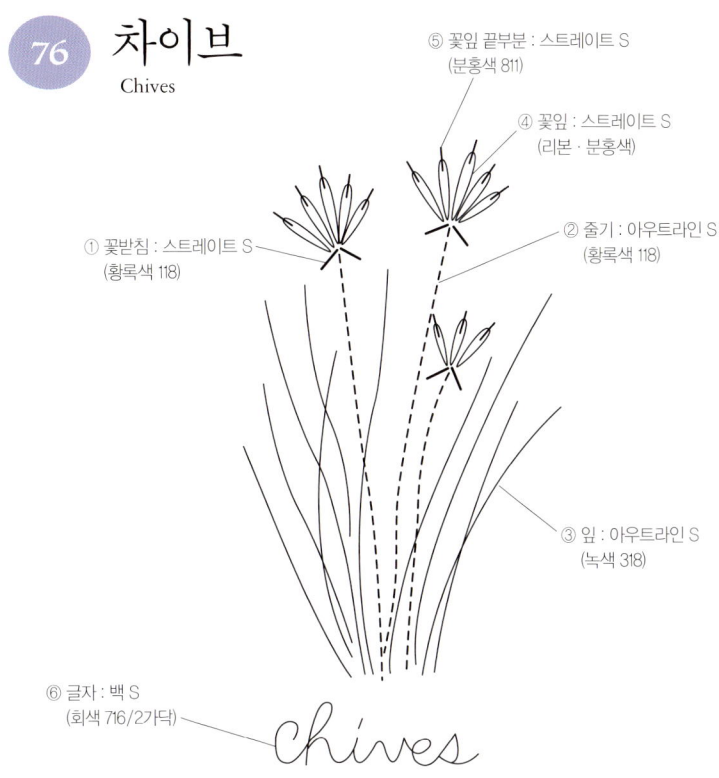

① 꽃받침 : 스트레이트 S (황록색 118)
② 줄기 : 아우트라인 S (황록색 118)
③ 잎 : 아우트라인 S (녹색 318)
④ 꽃잎 : 스트레이트 S (리본·분홍색)
⑤ 꽃잎 끝부분 : 스트레이트 S (분홍색 811)
⑥ 글자 : 백 S (회색 716/2가닥)

분홍색 꽃을 감상할 수 있지만, 잎과 꽃도 먹을 수 있는 유용한 허브입니다. 게다가 튼튼하고 손이 덜 가니까 참 좋아요!

77 베스카딸기 (a)
Wild Strawberry

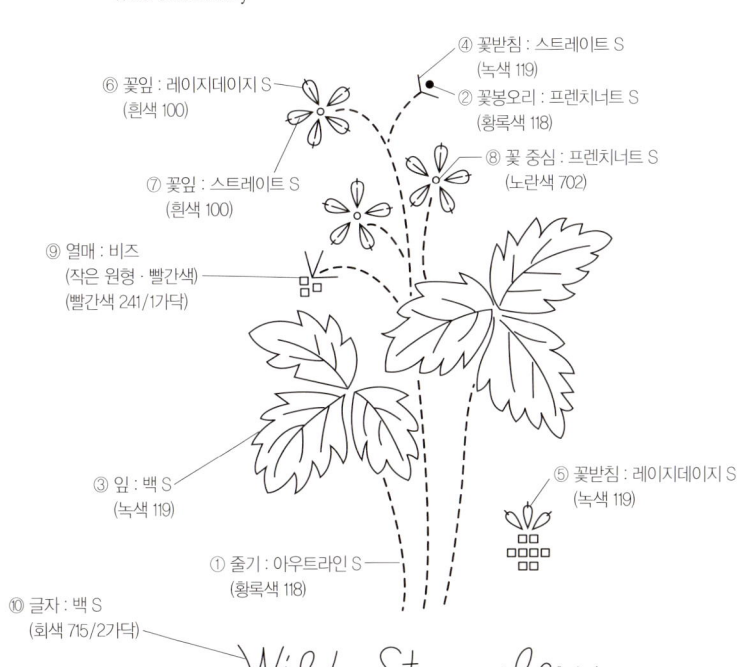

초여름

① 줄기 : 아우트라인 S (황록색 118)
② 꽃봉오리 : 프렌치너트 S (황록색 118)
③ 잎 : 백 S (녹색 119)
④ 꽃받침 : 스트레이트 S (녹색 119)
⑤ 꽃받침 : 레이지데이지 S (녹색 119)
⑥ 꽃잎 : 레이지데이지 S (흰색 100)
⑦ 꽃잎 : 스트레이트 S (흰색 100)
⑧ 꽃 중심 : 프렌치너트 S (노란색 702)
⑨ 열매 : 비즈 (작은 원형·빨간색) (빨간색 241/1가닥)
⑩ 글자 : 백 S (회색 715/2가닥)

작은 흰 꽃이 이윽고 빨간 열매로 변합니다. 먹기보다는 보고 즐길 뿐이지만, 자연스러운 정원의 지피 식물로서 활약합니다.

Early Summer

78 장미 (분홍색·a)
Rose

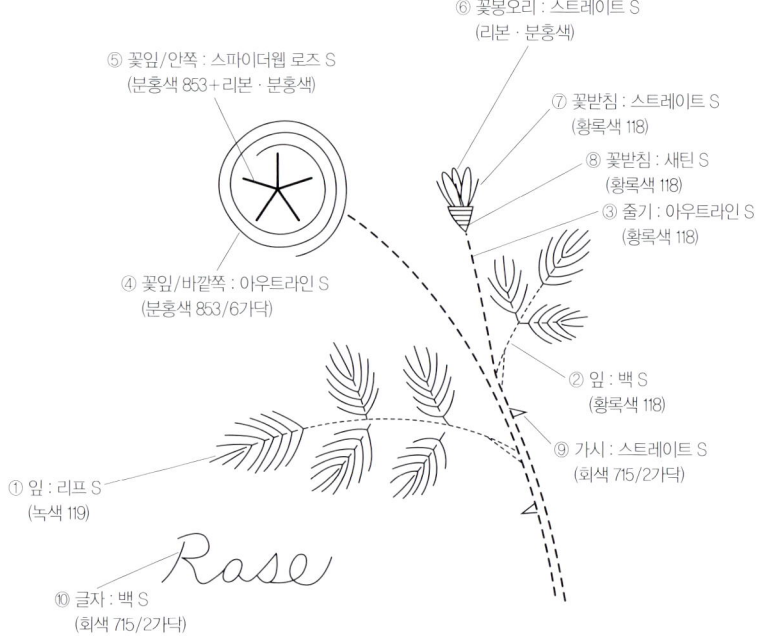

⑤ 꽃잎/안쪽 : 스파이더웹 로즈 S
(분홍색 853 + 리본·분홍색)

⑥ 꽃봉오리 : 스트레이트 S
(리본·분홍색)

⑦ 꽃받침 : 스트레이트 S
(황록색 118)

⑧ 꽃받침 : 새틴 S
(황록색 118)

③ 줄기 : 아우트라인 S
(황록색 118)

④ 꽃잎/바깥쪽 : 아우트라인 S
(분홍색 853/6가닥)

② 잎 : 백 S
(황록색 118)

⑨ 가시 : 스트레이트 S
(회색 715/2가닥)

① 잎 : 리프 S
(녹색 119)

⑩ 글자 : 백 S
(회색 715/2가닥)

살구색 장미는 잉글리시 로즈 '아브라함 다비'가 모델입니다. 향기롭고 풍만한 꽃을 늦게까지 계속 피웁니다. 계절에 따라 분홍색, 진한 살구색 등으로 꽃 색깔이 변합니다. 가지가 잘 자라므로 덩굴장미로 길러도 좋습니다.

79 알리움
Allium

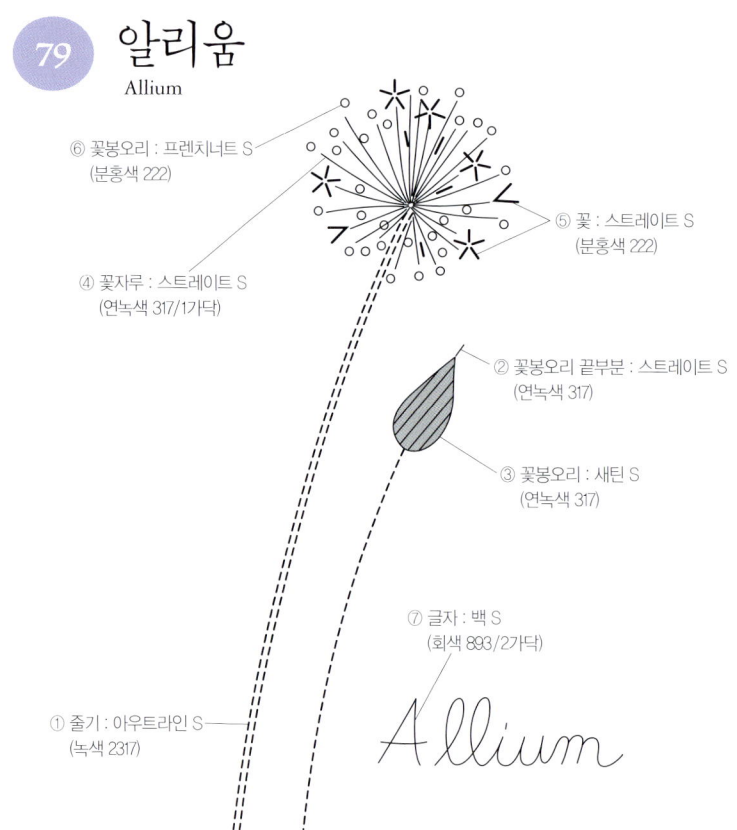

⑥ 꽃봉오리 : 프렌치너트 S
(분홍색 222)

⑤ 꽃 : 스트레이트 S
(분홍색 222)

④ 꽃자루 : 스트레이트 S
(연녹색 317/1가닥)

② 꽃봉오리 끝부분 : 스트레이트 S
(연녹색 317)

③ 꽃봉오리 : 새틴 S
(연녹색 317)

⑦ 글자 : 백 S
(회색 893/2가닥)

① 줄기 : 아우트라인 S
(녹색 2317)

알리움은 요즘 주목하고 있는 꽃입니다. 파꽃처럼 보이는 대형 품종을 재배하고 싶지만, 정원이 작아서 소형 품종을 컨테이너에서 기릅니다.

※ 코스모 자수 실 25번을 사용하고, 별다른 지시가 없으면 '3가닥'으로 수놓습니다. ※ 리본은 3.5mm 폭의 자수용 리본을 사용합니다.

Early Summer

80 보리지
Borage

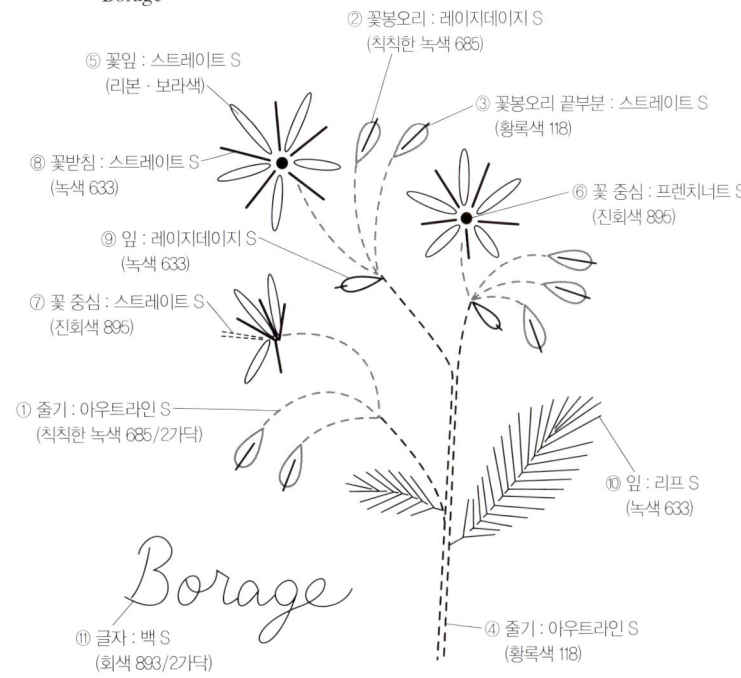

⑤ 꽃잎 : 스트레이트 S
(리본 · 보라색)

② 꽃봉오리 : 레이지데이지 S
(칙칙한 녹색 685)

⑧ 꽃받침 : 스트레이트 S
(녹색 633)

③ 꽃봉오리 끝부분 : 스트레이트 S
(황록색 118)

⑨ 잎 : 레이지데이지 S
(녹색 633)

⑥ 꽃 중심 : 프렌치너트 S
(진회색 895)

⑦ 꽃 중심 : 스트레이트 S
(진회색 895)

① 줄기 : 아우트라인 S
(칙칙한 녹색 685/2가닥)

⑩ 잎 : 리프 S
(녹색 633)

⑪ 글자 : 백 S
(회색 893/2가닥)

④ 줄기 : 아우트라인 S
(황록색 118)

대형 허브로 자잘한 털이 난 잎도 먹을 수 있습니다. 선명한 파란색의 작은 꽃과 검은색 꽃술의 대비에 저도 모르게 넋을 잃고 바라보게 됩니다. 먹어도 좋고 그냥 봐도 좋은 꽃입니다.

81 오이풀
Salad Burnet

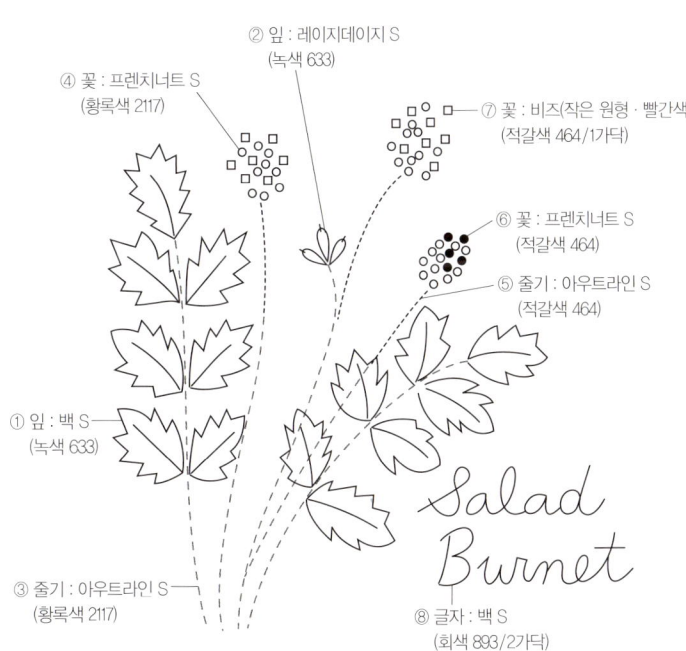

초여름

④ 꽃 : 프렌치너트 S
(황록색 2117)

② 잎 : 레이지데이지 S
(녹색 633)

⑦ 꽃 : 비즈(작은 원형 · 빨간색)
(적갈색 464/1가닥)

⑥ 꽃 : 프렌치너트 S
(적갈색 464)

⑤ 줄기 : 아우트라인 S
(적갈색 464)

① 잎 : 백 S
(녹색 633)

③ 줄기 : 아우트라인 S
(황록색 2117)

⑧ 글자 : 백 S
(회색 893/2가닥)

들꽃 믹스 씨앗에서 오이풀이 싹을 틔웠습니다. 톱풀이나 캐모마일도 들어 있을 때가 많아서 허브는 원래 야생 식물이란 사실을 실감합니다.

※ 각 계절마다 작품이 제작된 순으로 도안을 실었습니다. 색깔이나 스티치를 달리해서 같은 꽃이 중복해 등장하는 경우가 있습니다.

Early Summer

82 라일락 (a)
Lilac

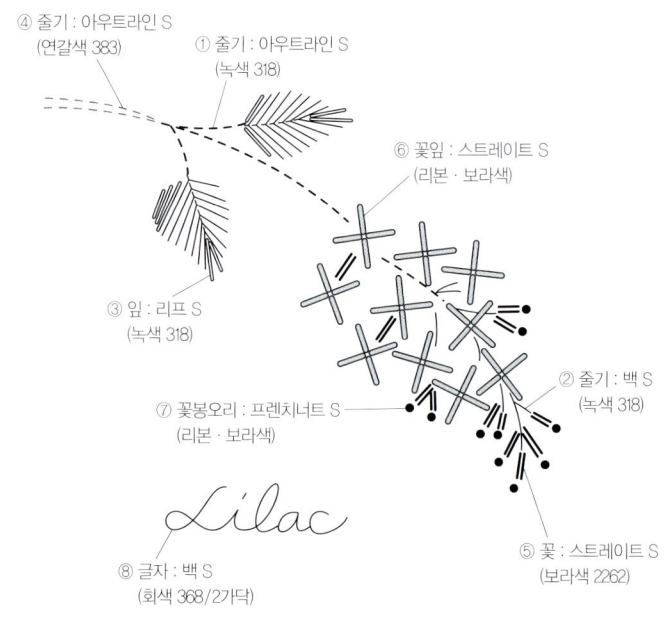

④ 줄기 : 아우트라인 S (연갈색 383)
① 줄기 : 아우트라인 S (녹색 318)
⑥ 꽃잎 : 스트레이트 S (리본·보라색)
③ 잎 : 리프 S (녹색 318)
② 줄기 : 백 S (녹색 318)
⑦ 꽃봉오리 : 프렌치너트 S (리본·보라색)
⑤ 꽃 : 스트레이트 S (보라색 2262)
⑧ 글자 : 백 S (회색 368/2가닥)

'리라'라고도 부르는 라일락은 선선한 지방에서 재배하기 알맞아요. 작은 꽃이 모여서 송이를 이루어 축 늘어져 피고, 일대에 퍼지는 향기가 계절을 오감으로 느끼게 합니다. 정원의 라일락은 2세대로, 해마다 꽃철이 되기만을 고대해요.

83 뱀딸기
Indian Strawberry

② 꽃잎 : 새틴 S (노란색 701)
③ 꽃 중심 : 프렌치너트 S (금빛 갈색 2307)
⑧ 열매 : 프렌치너트 S (빨간색 857)
⑥ 꼭지 : 레이지데이지 S (진녹색 319)
⑤ 잔잎 : 레이지데이지 S (진녹색 319)
④ 꽃받침·잔잎 : 스트레이트 S (진녹색 319)
⑦ 잎 : 리프 S (진녹색 319)
① 줄기 : 카우칭 S (녹색 318·5번 + 녹색 318/1가닥)
⑨ 글자 : 백 S (회색 894/2가닥)
⑩ 글자 : 프렌치너트 S (회색 894/2가닥)

일본 고마바에 있는 장미 정원에 가던 도중 발견하여 가지고 돌아온 뱀딸기 한 포기가 거침없이 번식했어요. 뱀딸기의 별칭은 '인디언 스트로베리'입니다. 상록성으로 튼튼하고, 꽃도 열매도 앙증맞지요.

※ 코스모 자수 실 25번을 사용하고, 별다른 지시가 없으면 '3가닥'으로 수놓습니다. ※ '5번'은 코스모 자수 실 5번을 가리킵니다. ※ 리본은 3.5mm 폭의 자수용 리본을 사용합니다.

Early Summer

84 장미 (분홍색·b)
Rose

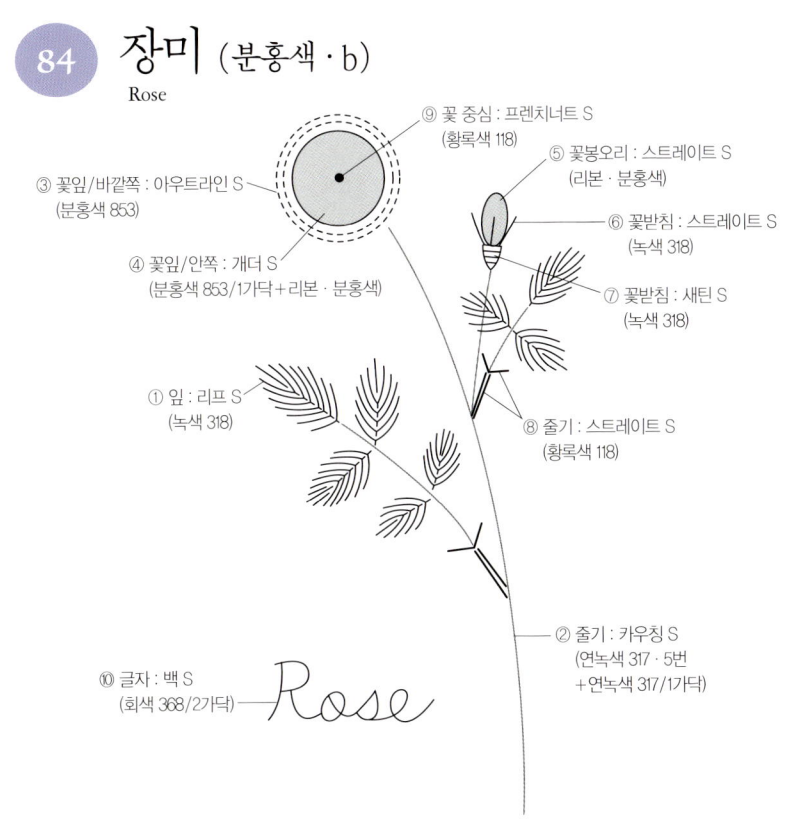

⑨ 꽃 중심 : 프렌치너트 S (황록색 118)
③ 꽃잎/바깥쪽 : 아우트라인 S (분홍색 853)
⑤ 꽃봉오리 : 스트레이트 S (리본·분홍색)
④ 꽃잎/안쪽 : 개더 S (분홍색 853/1가닥+리본·분홍색)
⑥ 꽃받침 : 스트레이트 S (녹색 318)
⑦ 꽃받침 : 새틴 S (녹색 318)
① 잎 : 리프 S (녹색 318)
⑧ 줄기 : 스트레이트 S (황록색 118)
② 줄기 : 카우칭 S (연녹색 317·5번 +연녹색 317/1가닥)
⑩ 글자 : 백 S (회색 368/2가닥)

잉글리시 로즈 '아브라함 다비'를 모델로 했습니다. 분홍색인지 주황색인지 모를 미묘한 색깔의 풍만한 꽃잎이 소용돌이치는 모습은 아무리 봐도 싫증 나지 않습니다. 향이 농후해요. 이 작품에서는 리본에 주름을 잡아 겹겹이 겹쳐 있는 꽃잎을 표현했습니다.

85 루피너스 (청자색)
Lupinus

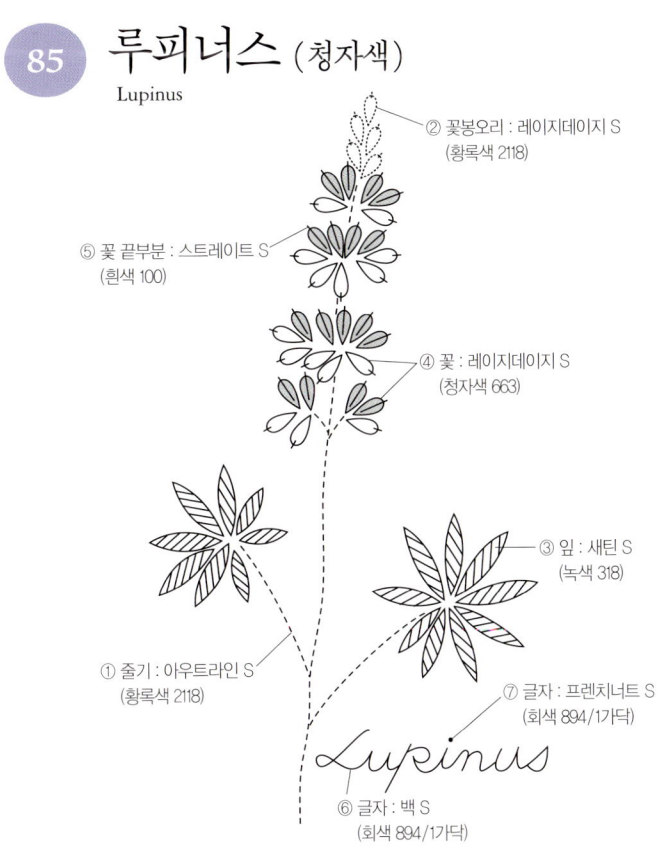

② 꽃봉오리 : 레이지데이지 S (황록색 2118)
⑤ 꽃 끝부분 : 스트레이트 S (흰색 100)
④ 꽃 : 레이지데이지 S (청자색 663)
③ 잎 : 새틴 S (녹색 318)
① 줄기 : 아우트라인 S (황록색 2118)
⑦ 글자 : 프렌치너트 S (회색 894/1가닥)
⑥ 글자 : 백 S (회색 894/1가닥)

등꽃을 거꾸로 세운 듯한 모양을 하고 있어요. 밑에서부터 올라가면서 꽃이 피는 꽃이삭은 정말 멋집니다. 볼륨감이 있는 러셀 계열 품종 외에 꽃이 작은 종류도 있어 정원이 작다면 이 타입을 권합니다. 특히 파란색 꽃이 피는 종류가 아름다워요.

초여름

Early Summer

86 붉은토끼풀
Red Clover

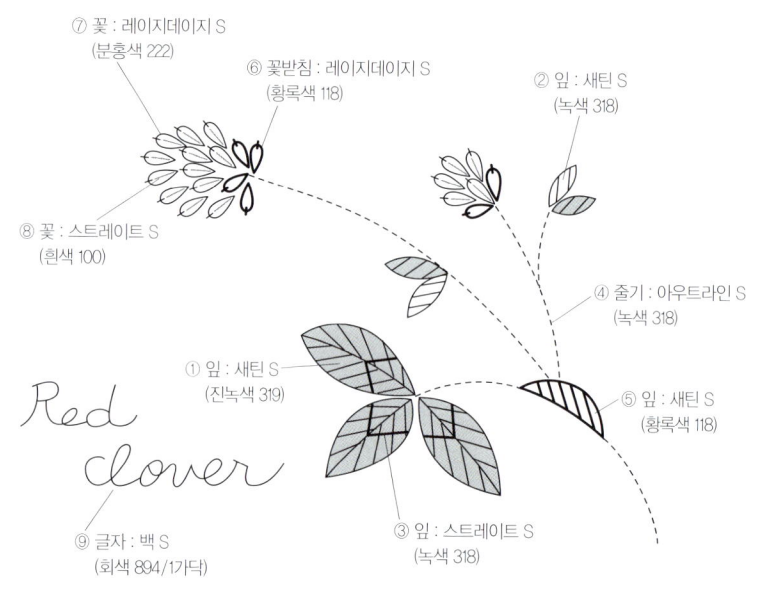

⑦ 꽃 : 레이지데이지 S (분홍색 222)
⑥ 꽃받침 : 레이지데이지 S (황록색 118)
② 잎 : 새틴 S (녹색 318)
⑧ 꽃 : 스트레이트 S (흰색 100)
④ 줄기 : 아우트라인 S (녹색 318)
① 잎 : 새틴 S (진녹색 319)
⑤ 잎 : 새틴 S (황록색 118)
③ 잎 : 스트레이트 S (녹색 318)
⑨ 글자 : 백 S (회색 894/1가닥)

토끼풀보다 키가 크고 잎이 뾰족해요. 들에서 피어 있으면 둥근 분홍색 꽃이 눈에 확 띄지요. 절화로 사용하면 소박하고 귀여운 플라워 어레인지먼트가 완성돼요. 요즘에는 근처에서 볼 수 없게 되어 아쉽습니다.

87 블랙베리
Blackberry

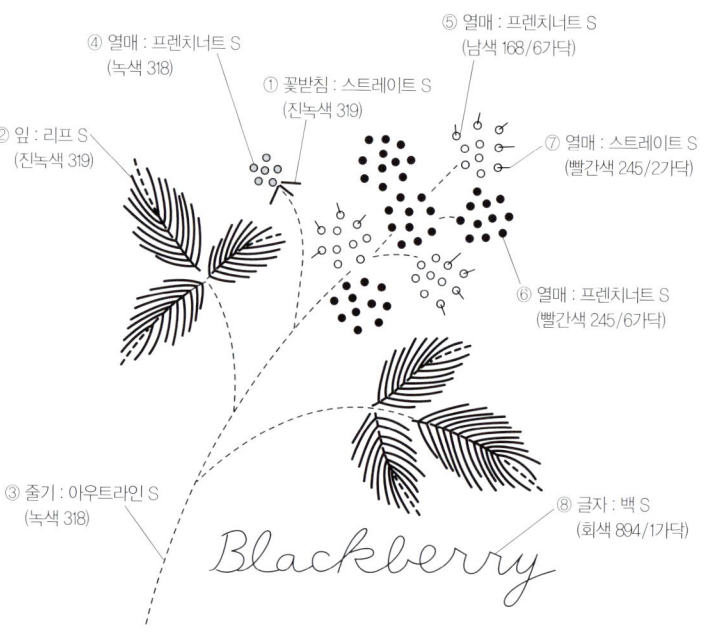

④ 열매 : 프렌치너트 S (녹색 318)
⑤ 열매 : 프렌치너트 S (남색 168/6가닥)
① 꽃받침 : 스트레이트 S (진녹색 319)
② 잎 : 리프 S (진녹색 319)
⑦ 열매 : 스트레이트 S (빨간색 245/2가닥)
⑥ 열매 : 프렌치너트 S (빨간색 245/6가닥)
③ 줄기 : 아우트라인 S (녹색 318)
⑧ 글자 : 백 S (회색 894/1가닥)

블랙베리는 영국에서 '브램블'이라고도 부르며, 울타리에 쓰일 정도로 튼튼합니다. 그늘에 심어도 꽃이 피어 열매가 맺히고, 꽃과는 다른 계절감이 있어서 해마다 테이블에 장식하는 것이 즐거움입니다.

※ 코스모 자수 실 25번을 사용하고, 별다른 지시가 없으면 '3가닥'으로 수놓습니다. ※ 리본은 3.5㎜ 폭의 자수용 리본을 사용합니다.

Early Summer

88 블루 레이스 플라워
Blue Lace Flower

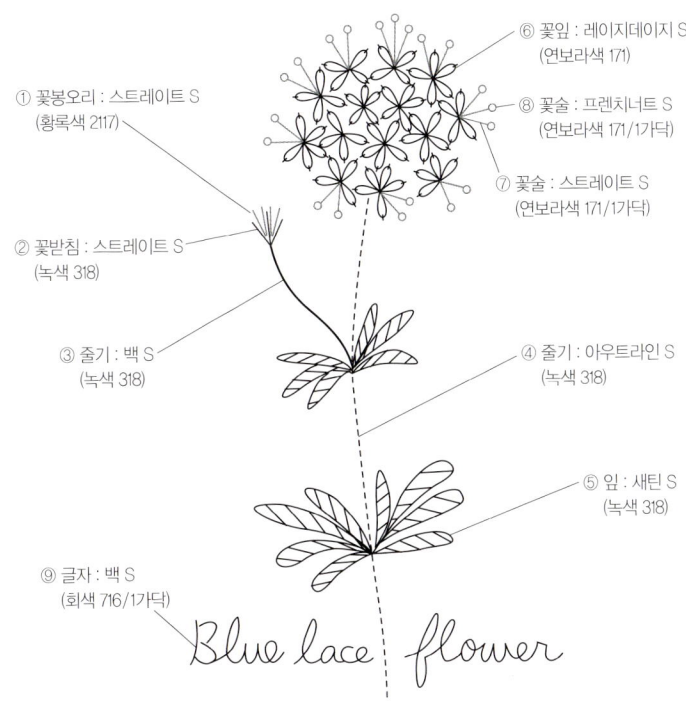

① 꽃봉오리 : 스트레이트 S
(황록색 2117)

② 꽃받침 : 스트레이트 S
(녹색 318)

③ 줄기 : 백 S
(녹색 318)

④ 줄기 : 아우트라인 S
(녹색 318)

⑤ 잎 : 새틴 S
(녹색 318)

⑥ 꽃잎 : 레이지데이지 S
(연보라색 171)

⑦ 꽃술 : 스트레이트 S
(연보라색 171/1가닥)

⑧ 꽃술 : 프렌치너트 S
(연보라색 171/1가닥)

⑨ 글자 : 백 S
(회색 716/1가닥)

은은한 파란색의 작은 꽃이 모여서 돔 모양으로 핍니다. 꽃봉오리가 벌어져서 하나씩 피어 가는 모습을 보는 것이 즐겁습니다.

89 바코파
Bacopa

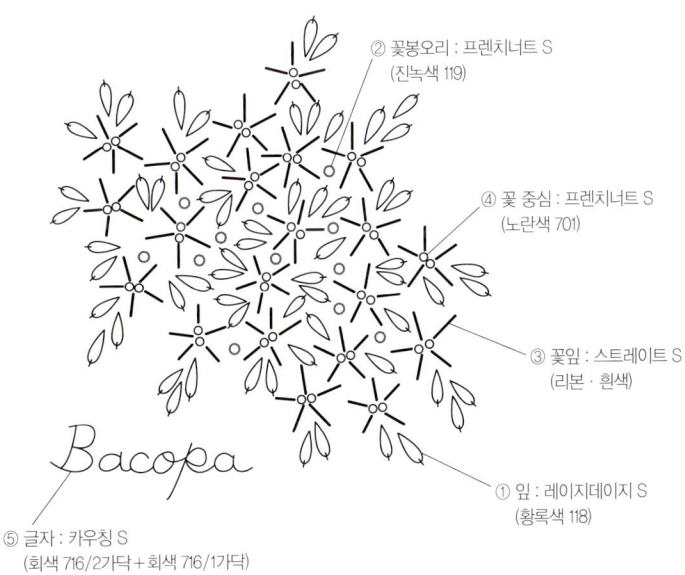

초여름

① 잎 : 레이지데이지 S
(황록색 118)

② 꽃봉오리 : 프렌치너트 S
(진녹색 119)

③ 꽃잎 : 스트레이트 S
(리본 · 흰색)

④ 꽃 중심 : 프렌치너트 S
(노란색 701)

⑤ 글자 : 카우칭 S
(회색 716/2가닥 + 회색 716/1가닥)

작은 흰색 꽃 외에 분홍색과 연보라색도 있고, 부지런히 가지를 다듬으면 1년 내내 꽃이 핍니다. 해마다 품종 개량이 이루어져 꽃이 커지고 있기 때문에 가까운 시일에 작은 페튜니아보다 큰 꽃을 피울지도 모르겠어요.

Early Summer

90 선옹초
Agrostemma

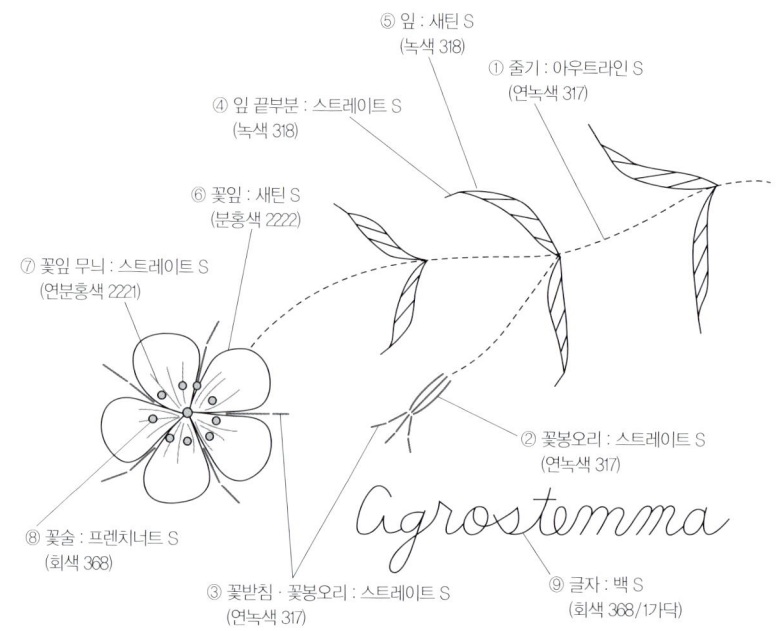

⑤ 잎 : 새틴 S (녹색 318)
① 줄기 : 아웃라인 S (연녹색 317)
④ 잎 끝부분 : 스트레이트 S (녹색 318)
⑥ 꽃잎 : 새틴 S (분홍색 2222)
⑦ 꽃잎 무늬 : 스트레이트 S (연분홍색 2221)
② 꽃봉오리 : 스트레이트 S (연녹색 317)
⑧ 꽃술 : 프렌치너트 S (회색 368)
③ 꽃받침 · 꽃봉오리 : 스트레이트 S (연녹색 317)
⑨ 글자 : 백 S (회색 368/1가닥)

정원에서 키운 선옹초는 팔랑거리는 꽃을 지탱하기에는 줄기가 너무 가늘고 나긋나긋했어요. 영국에서는 보리밭 가장자리의 풀 속에서 무럭무럭 자라 꽃을 피우고 있습니다. 그래서 '보리잎동자꽃'이라고도 부르는 건가 봐요.

91 중국물망초
Cynoglossum

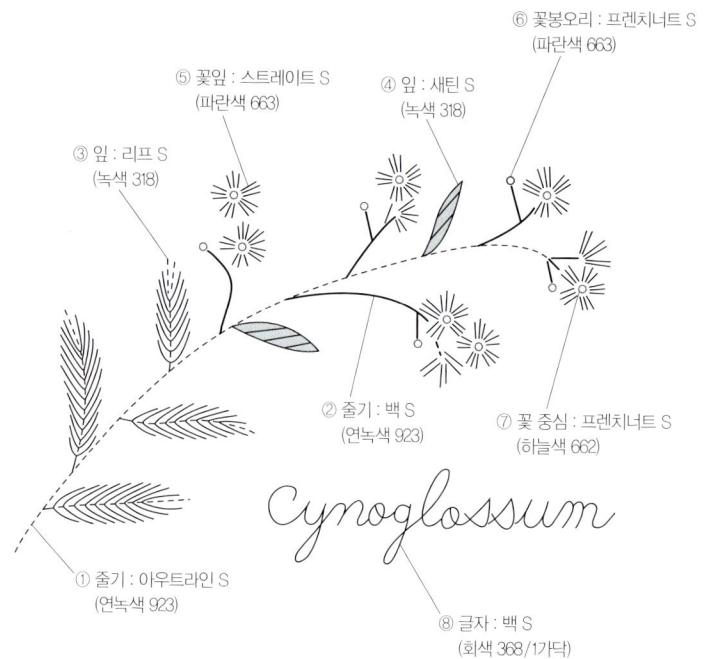

⑥ 꽃봉오리 : 프렌치너트 S (파란색 663)
⑤ 꽃잎 : 스트레이트 S (파란색 663)
④ 잎 : 새틴 S (녹색 318)
③ 잎 : 리프 S (녹색 318)
② 줄기 : 백 S (연녹색 923)
⑦ 꽃 중심 : 프렌치너트 S (하늘색 662)
① 줄기 : 아웃라인 S (연녹색 923)
⑧ 글자 : 백 S (회색 368/1가닥)

물망초를 닮았지만 중심의 꽃술이 노란색이 아니라 톤이 다른 파란색이에요. 들꽃 믹스 씨앗을 뿌렸더니 중국물망초 꽃이 핀 적이 있어요. 앙증맞은 잔꽃이지만 다소 점잖은 느낌이 들어요.

※ 코스모 자수 실 25번을 사용하고, 별다른 지시가 없으면 '3가닥'으로 수놓습니다. ※ 리본은 3.5㎜ 폭의 자수용 리본을 사용합니다.

Early Summer

92 장미 (빨간색)
Rose

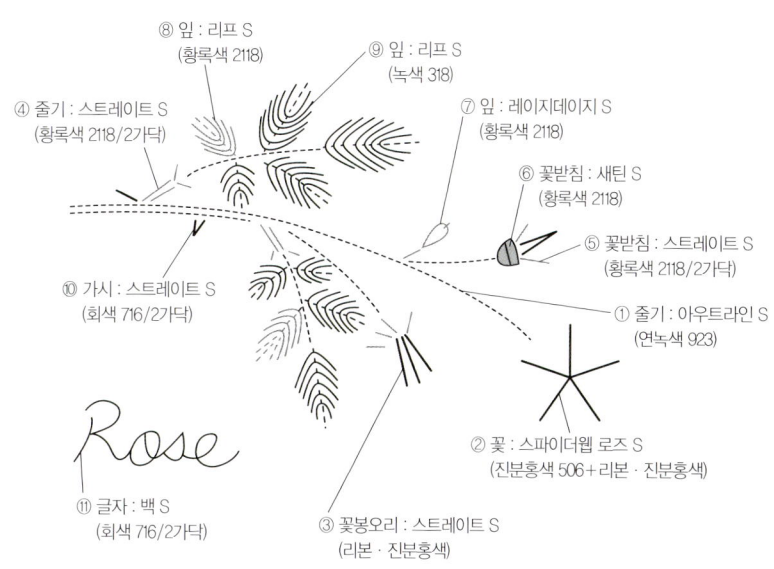

장미에 푹 빠졌을 무렵에는 분홍색과 살구색 계열만 모았는데, 요즘에는 깊이가 있는 빨간색과 보랏빛이 감도는 빨간색에 끌립니다. 부드러운 톤 사이에 깊은 색깔의 장미가 있으면 정원이 한층 근사해 보여요. 리본은 장미 자수에 제격이에요.

93 스카비오사 (노란색)
Scabious

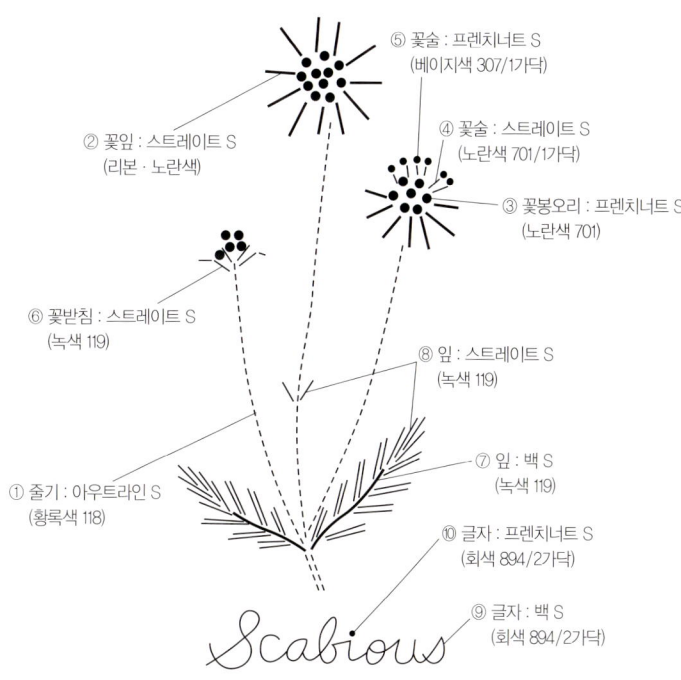

반구형으로 봉긋하게 피는 꽃은 '핀 쿠션 플라워'라고도 부릅니다. 작은 꽃이 모여 피는 중심에서 솟은 가느다란 꽃술이 시침핀처럼 보여요. 정원에 있는 종류는 자그마한 꽃이 피는 '필드 스카비오사'입니다.

초여름

※등장하는 꽃 이름은 영명·국명·학명·속명·별칭 등을 사용했습니다.

Early Summer

94 창질경이
Plantain

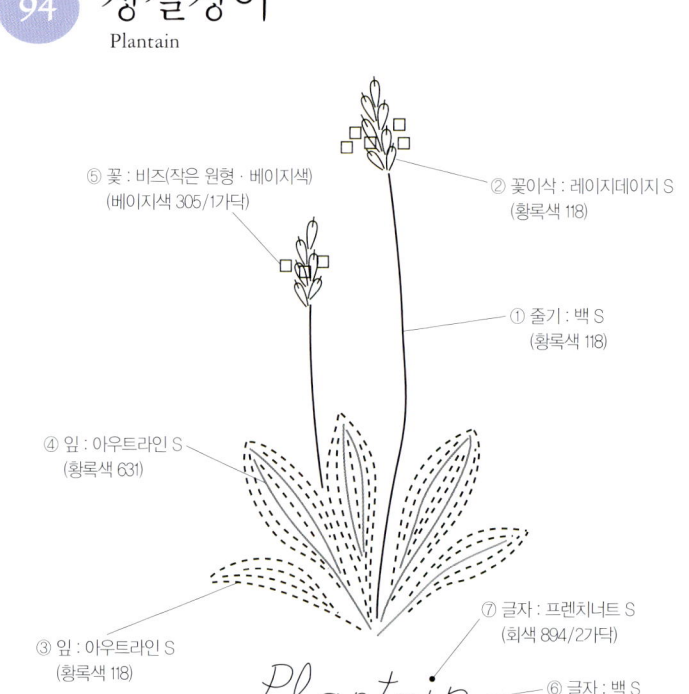

⑤ 꽃 : 비즈(작은 원형 · 베이지색)
(베이지색 305/1가닥)

② 꽃이삭 : 레이지데이지 S
(황록색 118)

① 줄기 : 백 S
(황록색 118)

④ 잎 : 아우트라인 S
(황록색 631)

③ 잎 : 아우트라인 S
(황록색 118)

⑦ 글자 : 프렌치너트 S
(회색 894/2가닥)

⑥ 글자 : 백 S
(회색 894/2가닥)

창질경이를 영국의 길가와 홋카이도에서 봤어요. 지금까지 북쪽 지방에서 자라는 대형 질경이라고 굳게 믿고 있었는데, 얼마 전 산책하다가 모여 사는 모습을 발견했지 뭐예요. 꽃이삭이 올라오는 시기였는데 크림색 꽃이 이삭 둘레에 도넛 모양으로 피었어요.

95 수국
Hydrangea

⑦ 꽃 중심 · 꽃봉오리 : 프렌치너트 S
(보라색 174)

⑥ 꽃 중심 : 프렌치너트 S
(청자색 663)

④ 꽃잎 : 레이지데이지 S
(하늘색 524)

⑤ 꽃잎 : 레이지데이지 S
(청자색 663)

③ 잎 : 리프 S
(녹색 318)

② 줄기 : 백 S
(칙칙한 녹색 923)

① 줄기 : 아우트라인 S
(칙칙한 녹색 923)

⑧ 글자 : 백 S
(회색 893/2가닥)

수국은 일본 기후에 잘 맞아서 재배하기 쉽고, 계절을 느끼게 해요. 정원이 작아 조그만 산수국을 모아요. 공 모양의 타입만 해도 종류가 다양해서 모종이 출하되는 시기에는 가게에서 마음에 드는 꽃을 구입하지요. 같은 종류라도 흙의 산도에 따라 꽃 색깔이 변하더라고요.

※ 코스모 자수 실 25번을 사용하고, 별다른 지시가 없으면 '3가닥'으로 수놓습니다. ※ '5번'은 코스모 자수 실 5번을 가리킵니다.

Early Summer

96 루피너스 (보라색)
Lupin

② 꽃봉오리 : 레이지데이지 S
(연녹색 317)

⑥ 꽃잎 : 레이지데이지 S
(적자색 283)

③ 줄기 : 스트레이트 S
(연녹색 317/2가닥)

⑦ 꽃잎 : 레이지데이지 S
(보라색 174)

④ 잎 : 레이지데이지 S
(녹색 318)

⑤ 잎 : 스트레이트 S
(녹색 318)

① 줄기 : 카우칭 S
(연녹색 317 · 5번
+ 연녹색 317/1가닥)

⑨ 글자 : 프렌치너트 S
(회색 893/2가닥)

⑧ 글자 : 백 S
(회색 893/2가닥)

처음 찾아간 《빨강 머리 앤》의 배경이 된 캐나다 프린스 에드워드 섬에서 루피너스가 모여 살고 있었어요. 푸른 하늘과 초록빛 들판에 보라색 꽃이 잘 어울려서, 마음에 남는 아름다운 풍경이었습니다.

97 베스카딸기 (b)
Wild Strawberry

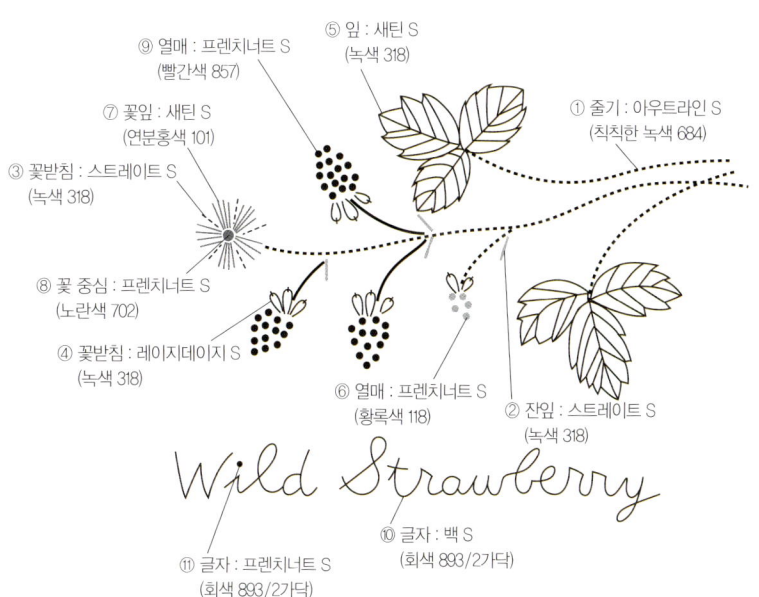

⑨ 열매 : 프렌치너트 S
(빨간색 857)

⑤ 잎 : 새틴 S
(녹색 318)

⑦ 꽃잎 : 새틴 S
(연분홍색 101)

① 줄기 : 아우트라인 S
(직직한 녹색 684)

③ 꽃받침 : 스트레이트 S
(녹색 318)

⑧ 꽃 중심 : 프렌치너트 S
(노란색 702)

④ 꽃받침 : 레이지데이지 S
(녹색 318)

⑥ 열매 : 프렌치너트 S
(황록색 118)

② 잔잎 : 스트레이트 S
(녹색 318)

⑩ 글자 : 백 S
(회색 893/2가닥)

⑪ 글자 : 프렌치너트 S
(회색 893/2가닥)

초여름

지피 식물로 쓰려고 정원 여기저기에 심은 베스카딸기는 흰 꽃과 빨간 열매가 작지만 인상적이에요. 붉게 익은 열매를 발견하면 맛보곤 해요.

Early Summer

98 준베리
Juneberry

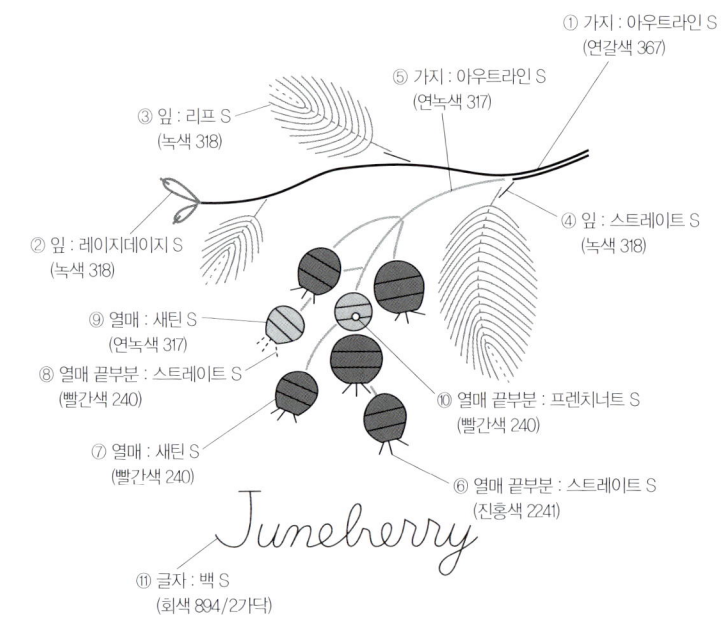

① 가지 : 아우트라인 S
(연갈색 367)
⑤ 가지 : 아우트라인 S
(연녹색 317)
③ 잎 : 리프 S
(녹색 318)
② 잎 : 레이지데이지 S
(녹색 318)
④ 잎 : 스트레이트 S
(녹색 318)
⑨ 열매 : 새틴 S
(연녹색 317)
⑧ 열매 끝부분 : 스트레이트 S
(빨간색 240)
⑩ 열매 끝부분 : 프렌치너트 S
(빨간색 240)
⑦ 열매 : 새틴 S
(빨간색 240)
⑥ 열매 끝부분 : 스트레이트 S
(진홍색 2241)
⑪ 글자 : 백 S
(회색 894/2가닥)

6월에 열매를 맺어서 '준베리'라는 이름이 붙었어요. 초봄에 흰 꽃이 피어서 달걀형의 녹색 잎이 무성할 무렵 열매가 조금씩 물들어요. 밝은 체리 레드색의 열매는 시크하고 투명감이 있습니다. 가을에는 단풍도 예뻐서 정원수로서 만점을 주고 싶어요.

99 라일락 (b)
Lilac

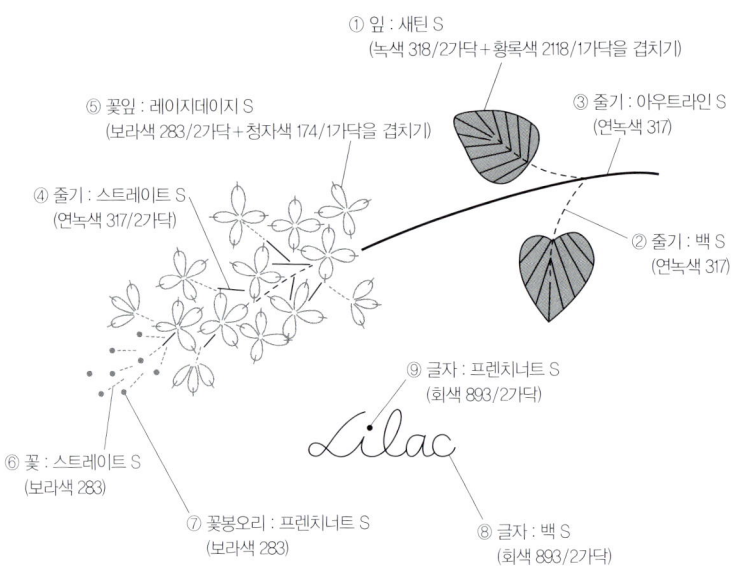

① 잎 : 새틴 S
(녹색 318/2가닥+황록색 2118/1가닥을 겹치기)
⑤ 꽃잎 : 레이지데이지 S
(보라색 283/2가닥+청자색 174/1가닥을 겹치기)
③ 줄기 : 아우트라인 S
(연녹색 317)
④ 줄기 : 스트레이트 S
(연녹색 317/2가닥)
② 줄기 : 백 S
(연녹색 317)
⑥ 꽃 : 스트레이트 S
(보라색 283)
⑦ 꽃봉오리 : 프렌치너트 S
(보라색 283)
⑨ 글자 : 프렌치너트 S
(회색 893/2가닥)
⑧ 글자 : 백 S
(회색 893/2가닥)

6월이 끝날 무렵 캐나다 프린스 에드워드 섬을 방문했을 때에는 라일락 꽃이 한창이었습니다. 《빨강 머리 앤》의 무대가 된 그린 게이블스에도 흰색에서 연보라색에 이르는. 미묘하게 색깔이 다른 라일락이 피어 있어서 주변이 온통 좋은 향기에 둘러싸여 있었어요.

※ 코스모 자수 실 25번을 사용하고, 별다른 지시가 없으면 '3가닥'으로 수놓습니다.

Early Summer

100 붉은인동
Lonicera

- ④ 꽃잎 : 스트레이트 S (주황색 343)
- ③ 꽃잎 : 레이지데이지 S (주황색 343)
- ⑤ 꽃잎 : 레이지데이지 S (연주황색 2402)
- ⑧ 꽃 중심 : 프렌치너트 S (녹색 318)
- ⑦ 꽃술 : 프렌치너트 S (연주황색 2402/1가닥)
- ② 잎 : 새틴 S (녹색 318)
- ⑥ 꽃술 : 스트레이트 S (연주황색 2402/1가닥)
- ① 줄기 : 아웃라인 S (칙칙한 녹색 923)
- ⑩ 글자 : 프렌치너트 S (회색 894/2가닥)
- ⑨ 글자 : 백 S (회색 894/2가닥)

덩굴 식물 중에는 방향종이 많은데 이 붉은인동도 그중 하나입니다. 아치 등에 심어 두면 가까이에서 향을 즐길 수 있습니다. 상록성이므로 벽을 타게 해서 멋진 정원 풍경을 만드는 데에도 좋습니다. 꽃철도 깁니다.

101 골드 코인 데이지
Gold coin

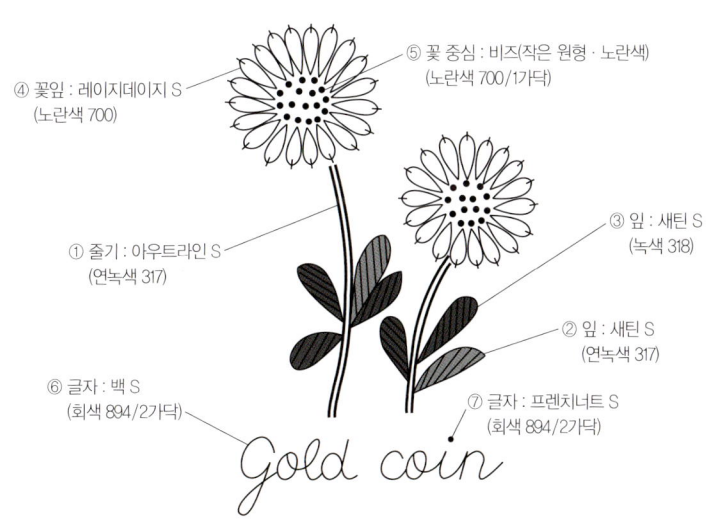

- ④ 꽃잎 : 레이지데이지 S (노란색 700)
- ⑤ 꽃 중심 : 비즈(작은 원형 · 노란색) (노란색 700/1가닥)
- ① 줄기 : 아웃라인 S (연녹색 317)
- ③ 잎 : 새틴 S (녹색 318)
- ② 잎 : 새틴 S (연녹색 317)
- ⑥ 글자 : 백 S (회색 894/2가닥)
- ⑦ 글자 : 프렌치너트 S (회색 894/2가닥)

초여름

다육 식물 같은 두툼한 잎과 노란 꽃이 달려요. '골든 달러'라고도 부르는 모양입니다. 키가 자라지 않기 때문에 지피 식물로도 사용할 수 있습니다. 꽃이 튀어 보이므로 다른 꽃과 매치하기보다는 단독으로 사용하면 좋겠지요.

※등장하는 꽃 이름은 영명 · 국명 · 학명 · 속명 · 별칭 등을 사용합니다.

Early Summer

102 라벤더
Lavender

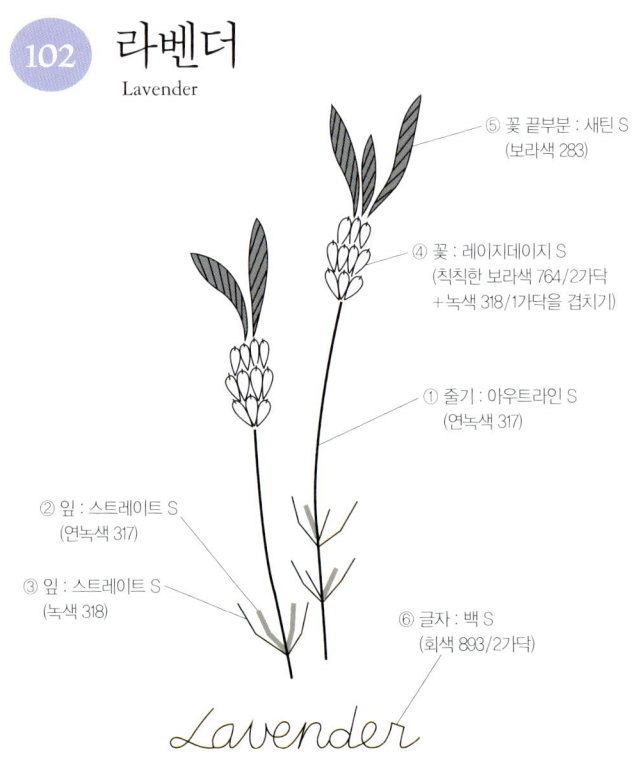

⑤ 꽃 끝부분 : 새틴 S
(보라색 283)

④ 꽃 : 레이지데이지 S
(칙칙한 보라색 764/2가닥
+ 녹색 318/1가닥을 겹치기)

① 줄기 : 아웃라인 S
(연녹색 317)

② 잎 : 스트레이트 S
(연녹색 317)

③ 잎 : 스트레이트 S
(녹색 318)

⑥ 글자 : 백 S
(회색 893/2가닥)

향기로운 허브라고 하면 라벤더가 맨 먼저 떠올라요. 많은 종류 가운데 눈길을 끄는 것이 토끼 귀를 닮은 포엽이 있는 '스토에카스 라벤더'예요. 더위에 강해서 재배하기 쉬워요.

103 들장미
Wild rose

③ 꽃봉오리 : 새틴 S
(분홍색 482)

⑪ 꽃잎 : 새틴 S
(연분홍색 480)

⑬ 꽃술 : 프렌치너트 S
(금빛 갈색 2307/1가닥)

⑤ 꽃받침 : 스트레이트 S
(연녹색 317)

⑥ 꽃받침 : 새틴 S
(연녹색 317)

⑫ 꽃 중심 : 프렌치너트 S
(노란색 700)

④ 꽃봉오리 : 새틴 S
(연녹색 317)

⑩ 잎 : 새틴 S
(녹색 318)

② 잎 : 백 S
(연녹색 317)

⑮ 열매 끝부분 : 프렌치너트 S
(연갈색 383)

⑭ 열매 : 새틴 S
(빨간색 855)

⑧ 잎 : 스트레이트 S
(녹색 318)

⑦ 줄기 : 스트레이트 S
(연녹색 317)

⑨ 잎 : 레이지데이지 S
(녹색 318)

① 줄기 : 아웃라인 S
(연녹색 317)

⑰ 글자 : 백 S
(회색 893/2가닥)

⑱ 글자 : 프렌치너트 S
(회색 893/2가닥)

⑯ 가시 : 스트레이트 S
(연갈색 383/2가닥)

올드 로즈 정원의 일본 장미 코너에서 만난 '사쿠라바라'입니다. 일본에는 장미 원종이 여럿 있어서 현대 장미의 교배친으로 이용되기도 합니다. 원종 장미는 소박하지만 아름다움과 강함을 겸비한 꽃이라서 마음이 끌립니다.

※ 코스모 자수 실 25번을 사용하고, 별다른 지시가 없으면 '3가닥'으로 수놓습니다.

Early Summer

104 카네이션
Carnation

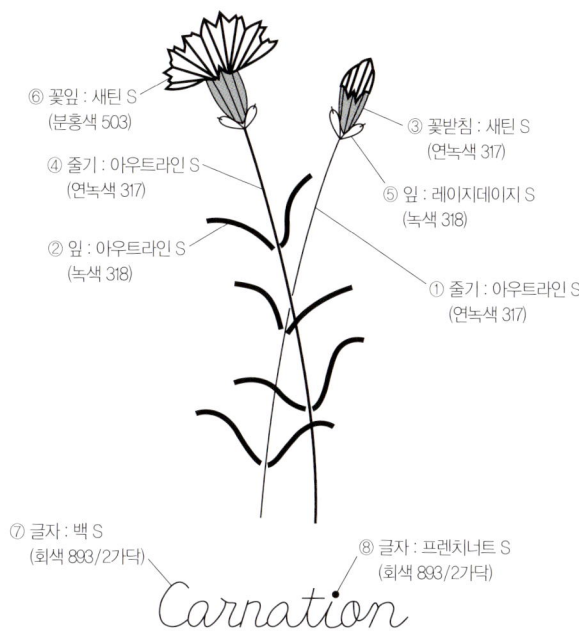

⑥ 꽃잎 : 새틴 S
(분홍색 503)

④ 줄기 : 아우트라인 S
(연녹색 317)

② 잎 : 아우트라인 S
(녹색 318)

③ 꽃받침 : 새틴 S
(연녹색 317)

⑤ 잎 : 레이지데이지 S
(녹색 318)

① 줄기 : 아우트라인 S
(연녹색 317)

⑦ 글자 : 백 S
(회색 893/2가닥)

⑧ 글자 : 프렌치넛 S
(회색 893/2가닥)

절화 이미지가 강한 꽃이지만 영국 정원에서 '다이안서스'라고 부르는 조그만 카네이션을 자주 봤습니다. 품종이 다양하고 푸른빛을 띤 잎과 줄기가 꽃을 돋보이게 해 화단에서 유달리 시선을 끌기 때문일 거예요.

105 버찌
Cherry

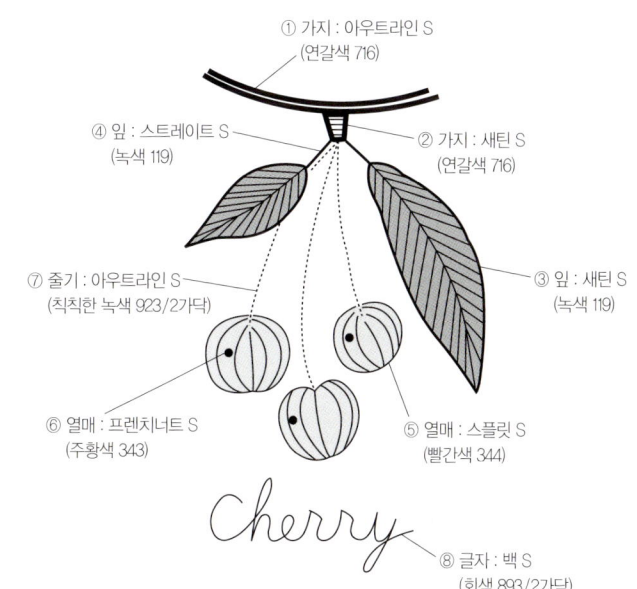

① 가지 : 아우트라인 S
(연갈색 716)

④ 잎 : 스트레이트 S
(녹색 119)

② 가지 : 새틴 S
(연갈색 716)

③ 잎 : 새틴 S
(녹색 119)

⑦ 줄기 : 아우트라인 S
(칙칙한 녹색 923/2가닥)

⑥ 열매 : 프렌치넛 S
(주황색 343)

⑤ 열매 : 스플릿 S
(빨간색 344)

⑧ 글자 : 백 S
(회색 893/2가닥)

버찌는 예로부터 모티프로서 사랑받아 왔어요. 나무에 열린 모습을 감상하기보다 과일로 먹는 일이 많지요. 관상용 벚나무에도 버찌는 열리는데, 크기는 작지만 그 나름대로 귀여워요.

 초여름

Early Summer

106 비파나무
Loquat

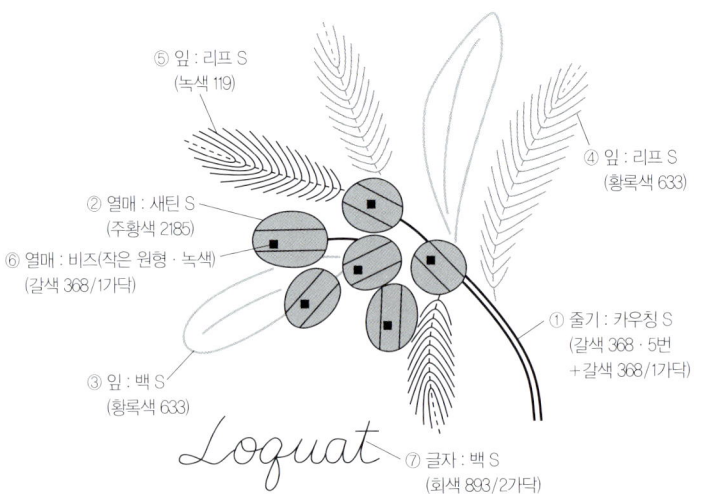

⑤ 잎 : 리프 S
(녹색 119)

② 열매 : 새틴 S
(주황색 2185)

⑥ 열매 : 비즈(작은 원형 · 녹색)
(갈색 368/1가닥)

③ 잎 : 백 S
(황록색 633)

④ 잎 : 리프 S
(황록색 633)

① 줄기 : 카우칭 S
(갈색 368 · 5번
+ 갈색 368/1가닥)

⑦ 글자 : 백 S
(회색 893/2가닥)

예전에는 정원에도 많이 심었지만 요즘에는 그다지 보지 못하게 되었습니다. 열매 색깔은 주황색도 아니고 살구색도 아닌 비파색입니다. 부드럽고 섬세한 맛은 계절의 은혜라고 할 수 있지요. 여기서 더 욕심을 부리자면, 씨앗이 조금 더 작으면 좋겠어요.

107 보리수나무
Elaeagnus

③ 줄기 : 스트레이트 S
(칙칙한 녹색 684/2가닥)

④ 잎 : 새틴 S
(녹색 318)

① 가지 : 아웃트라인 S
(갈색 716)

② 줄기 : 아웃트라인 S
(칙칙한 녹색 684/2가닥)

⑤ 열매 : 스플릿 S
(빨간색 857)

⑦ 열매 : 프렌치너트 S
(에크루색 364)

⑥ 열매 : 스플릿 S
(연지색 2241)

⑧ 글자 : 백 S
(회색 893/2가닥)

어릴 적 정원에 심어져 있어서 가끔 기분이 내킬 때 따 먹은 기억이 납니다. 맛있다기보다는 몸에 좋은 듯한 느낌이었어요. 지금 생각하면 과일나무로서가 아니라 관상용으로 심은 듯해요. 빨간 열매는 버찌처럼 깜찍합니다.

※ 코스모 자수 실 25번을 사용하고, 별다른 지시가 없으면 '3가닥'으로 수놓습니다. ※ '5번'은 코스모 자수 실 5번을 가리킵니다.

Early Summer

108 타래난초
Spiranthes

⑥~⑪ 나비

⑧ 프렌치너트 S (진회색 894)
⑨ 백 S (진회색 894/1가닥)
⑪ 프렌치너트 S (진회색 894/1가닥)
⑦ 스트레이트 S (진회색 894)
⑥ 새틴 S (노란색 700)
⑩ 스트레이트 S (진회색 894/1가닥)

① 꽃봉오리 : 레이지데이지 S (연녹색 2317)
④ 꽃 : 레이지데이지 S (분홍색 483)
⑤ 꽃 : 비즈(작은 원형·흰색) (흰색 100/1가닥)
② 줄기 : 아우트라인 S (연녹색 2317)
③ 잎 : 새틴 S (녹색 318)
⑬ 글자 : 프렌치너트 S (회색 893/2가닥)
⑫ 글자 : 백 S (회색 893/2가닥)

타래처럼 줄기를 따라 나선형으로 피는 작지만 시선을 끄는 분홍색 꽃으로 난초과에 속합니다. 얼마 전에도 정원 연못 둘레의 잔디밭에서 잡초처럼 자라는 튼튼한 꽃이었는데 갑자기 피지 않아요. 공생하는 균류가 없어서 그런 걸까요? 난초의 세계는 심오합니다.

109 마삭줄
Star jasmine

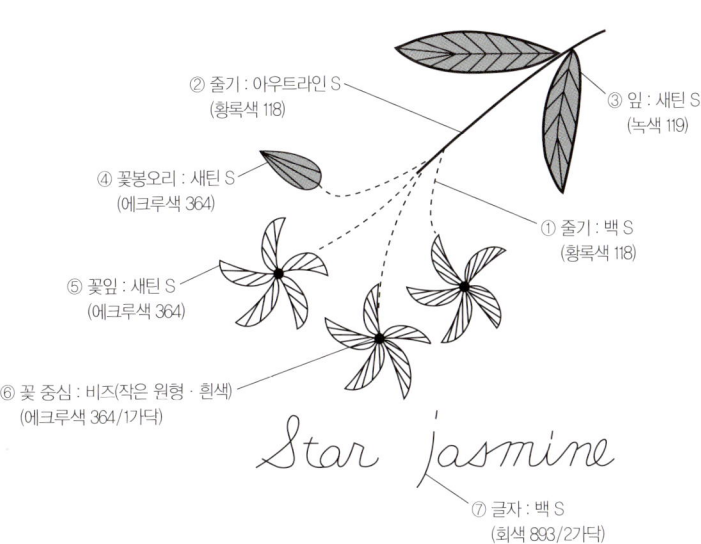

② 줄기 : 아우트라인 S (황록색 118)
③ 잎 : 새틴 S (녹색 119)
④ 꽃봉오리 : 새틴 S (에크루색 364)
⑤ 꽃잎 : 새틴 S (에크루색 364)
① 줄기 : 백 S (황록색 118)
⑥ 꽃 중심 : 비즈(작은 원형·흰색) (에크루색 364/1가닥)
⑦ 글자 : 백 S (회색 893/2가닥)

초여름

상록성 덩굴 식물로, 꽃이 피면 '스타 자스민'이라는 이름이 딱 어울린다는 사실을 알게 됩니다. 향도 좋고 아치로 만들거나 벽을 덮게 할 수 있고, 지피 식물로도 사용해요. 꽃 모양은 프로펠러 같고 색깔은 크림색이나 분홍색이에요. 저는 흰색을 골라서 담장을 타게 했어요.

※ 각 계절마다 작품이 제작된 순으로 도안을 실었습니다. 색깔이나 스티치를 달리해서 같은 꽃이 중복해 등장하는 경우가 있습니다.

Early Summer

110 매발톱
Aquilegia

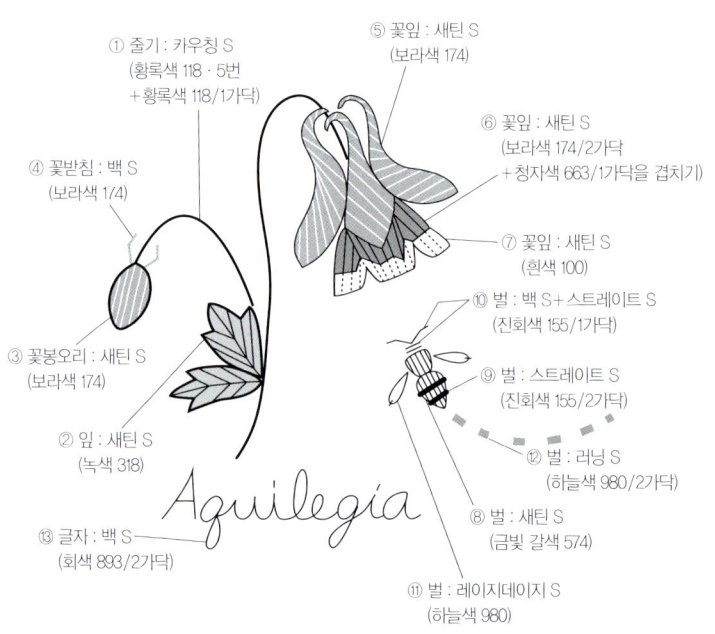

정원을 가꾸기 시작할 무렵, 심지도 않았는데 하늘매발톱이 그늘에 예쁘게 피어 있었어요. 광택이 없는 파란색과 특징이 있는 꽃 모양이 매력이에요. 고즈넉하게 피는 모습에는 남다른 분위기가 느껴져요. 신아초로 분류되지만 그늘의 보더 가든에 심어도 좋아요.

111 듀베리
Dewberry

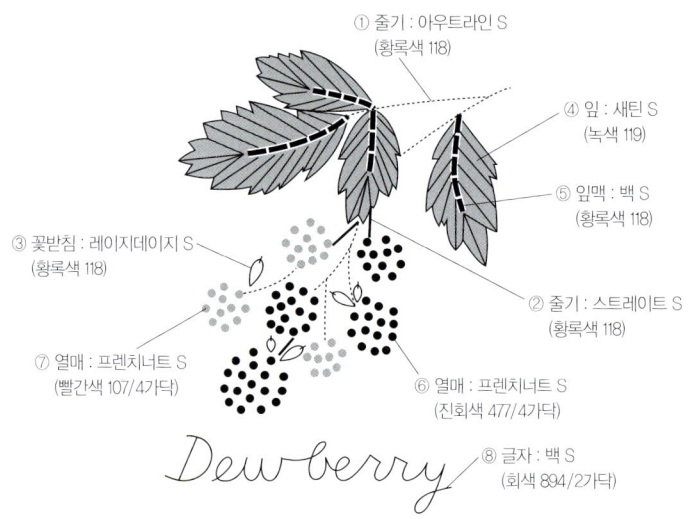

베리류는 '소프트 프루트'라고도 부르며 예전부터 식용하였어요. 듀베리는 블랙베리와 많이 닮았지만 꽃이 피는 방식이 다르다고 하네요. 활용하는 방법은 블랙베리와 같아요. 플라워 어레인지먼트에도 좋을 듯해요.

※ 코스모 자수 실 25번을 사용하고, 별다른 지시가 없으면 '3가닥'으로 수놓습니다. ※'5번'은 코스모 자수 실 5번을 가리킵니다. ※리본은 3.5mm 폭의 자수용 리본을 사용합니다.

112 에리게론
Erigeron

① 줄기 : 아우트라인 S (칙칙한 녹색 685/2가닥)
② 잎 : 아우트라인 S (녹색 119)
③ 잎 : 새틴 S (녹색 119)
④ 꽃받침 : 레이지데이지 S (녹색 119)
⑤ 꽃봉오리 : 프렌치너트 S (녹색 119)
⑥ 꽃잎 : 스트레이트 S (흰색 500)
⑦ 꽃잎 : 스트레이트 S (분홍색 222)
⑧ 꽃 중심 : 프렌치너트 S (노란색 702)
⑨ 글자 : 백 S (회색 893/2가닥)
⑩ 글자 : 프렌치너트 S (회색 893/2가닥)

에리게론의 원예종인 프로퓨전은 튼튼해서 땅에 떨어진 씨앗은 어떤 틈새에서도 뿌리를 내려 씩씩하게 꽃을 피웁니다. 뛰어나게 예쁘지는 않지만, 가혹한 환경에서도 아무지게 피는 믿음직한 꽃이에요. 꽃 색깔은 처음에는 흰색이었다가 서서히 분홍색으로 변해요.

113 밥티시아
Baptisia

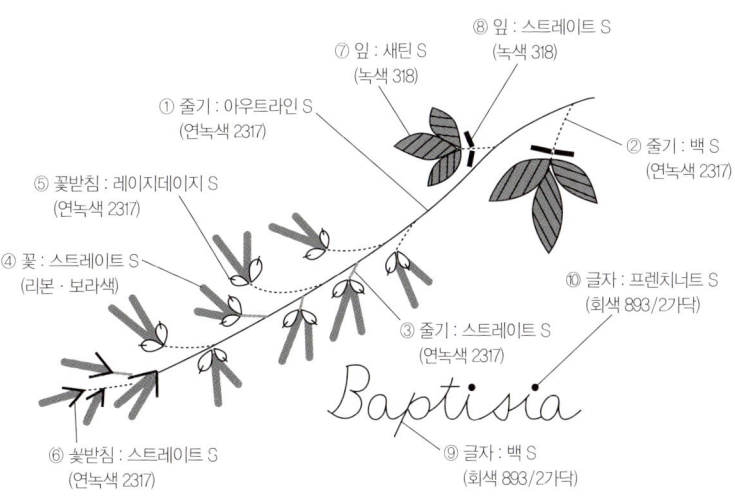

초여름

① 줄기 : 아우트라인 S (연녹색 2317)
② 줄기 : 백 S (연녹색 2317)
③ 줄기 : 스트레이트 S (연녹색 2317)
④ 꽃 : 스트레이트 S (리본·보라색)
⑤ 꽃받침 : 레이지데이지 S (연녹색 2317)
⑥ 꽃받침 : 스트레이트 S (연녹색 2317)
⑦ 잎 : 새틴 S (녹색 318)
⑧ 잎 : 스트레이트 S (녹색 318)
⑨ 글자 : 백 S (회색 893/2가닥)
⑩ 글자 : 프렌치너트 S (회색 893/2가닥)

밥티시아는 다른 종류이기는 하지만 노란색 꽃도 있습니다. 콩과의 여러해살이풀로 루피너스를 심플하게 만든 듯한 모양이에요. 꽃이 빽빽하게 나지 않아서 부드럽고 자연스러운 분위기를 풍겨요. 모여 살게 하면 꽃 색깔이 한층 두드러집니다.

여름

Summer

계절과는 반대로 여름 정원은 어쩐지 선선합니다. 푸른 나무가 만든 그늘에서 피는 꽃이 바람에 살랑거립니다. 여름의 추억을 모으듯이 작은 꽃을 수놓습니다.

Geranium
Cherry sage
Scoparia

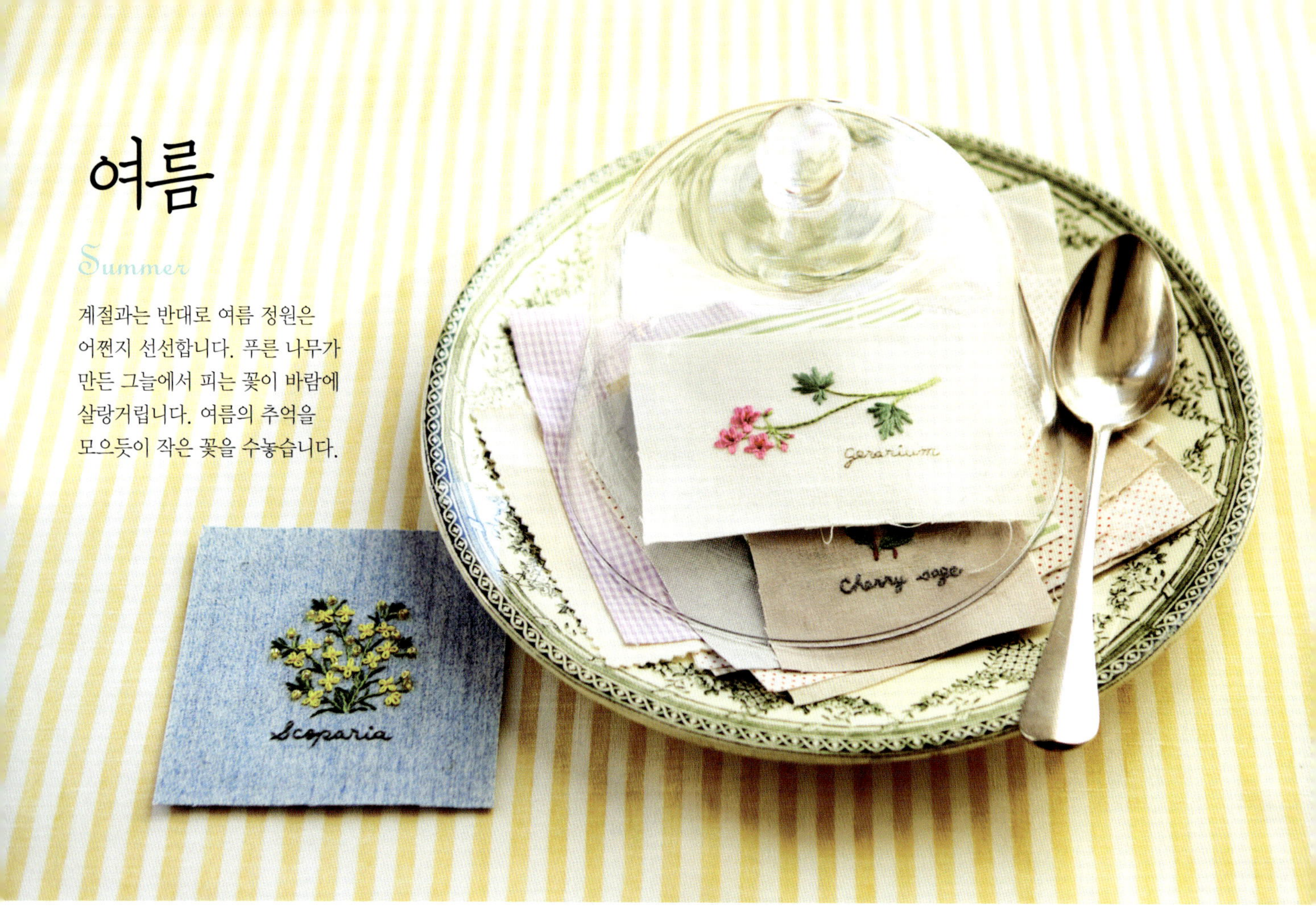

114 라즈베리

Raspberry

Berry

정원에서 베리의 꽃이 피고 나서 열매가 익기까지 과정을 지켜보면 즐겁습니다. 뾰족한 꽃봉오리에서 꽃잎이 5장인 작은 꽃이 핍니다. 밝은 녹색의 잎과 윤기가 도는 빨간색 열매의 대비가 아름답습니다.

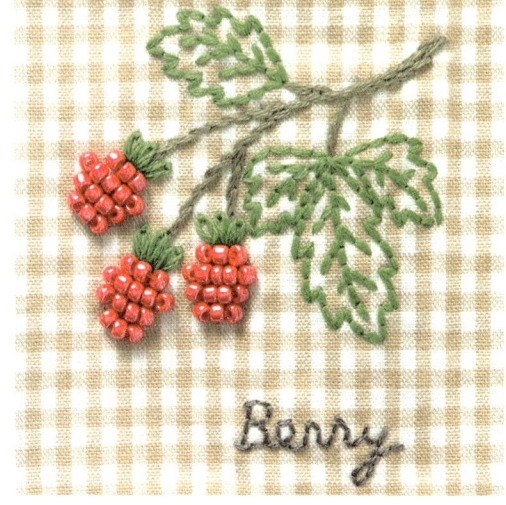

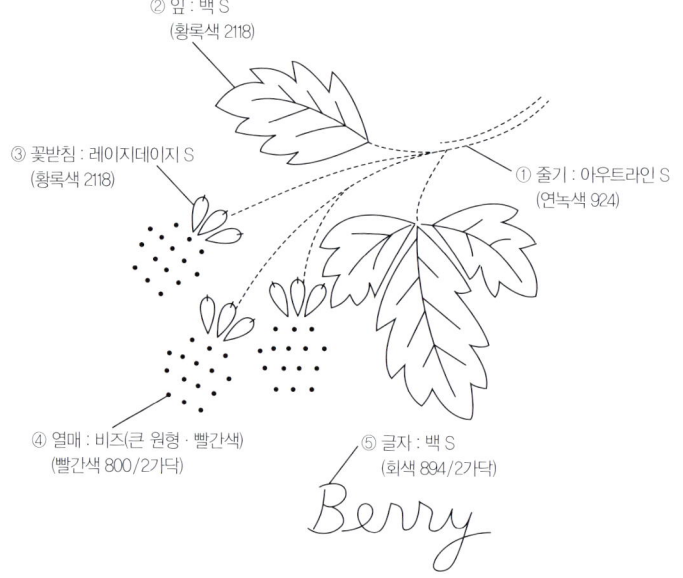

② 잎 : 백 S
(황록색 2118)
③ 꽃받침 : 레이지데이지 S
(황록색 2118)
① 줄기 : 아우트라인 S
(연녹색 924)
④ 열매 : 비즈(큰 원형 · 빨간색)
(빨간색 800/2가닥)
⑤ 글자 : 백 S
(회색 894/2가닥)
Berry

※ 코스모 자수 실 25번을 사용하고, 별다른 지시가 없으면 '3가닥'으로 수놓습니다. ※ 리본은 3.5㎜ 폭의 자수용 리본을 사용합니다.

Summer

115 버베나 (분홍색)
Verbena

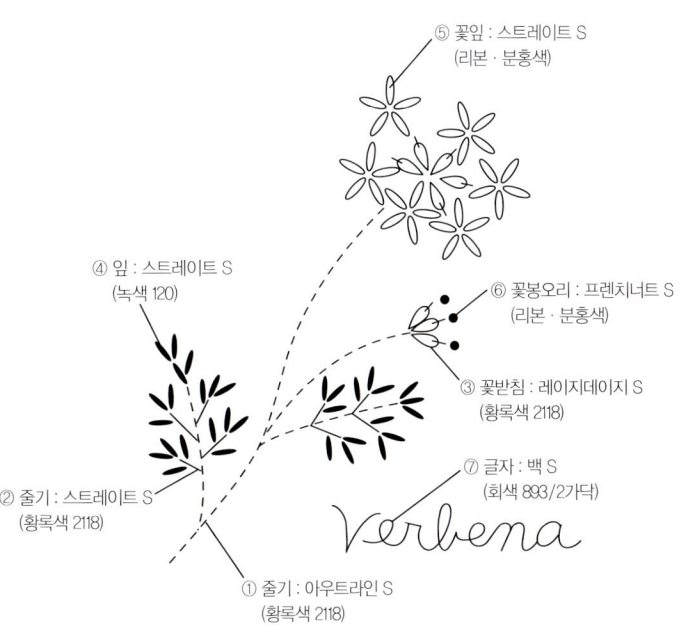

⑤ 꽃잎 : 스트레이트 S
(리본 · 분홍색)

④ 잎 : 스트레이트 S
(녹색 120)

⑥ 꽃봉오리 : 프렌치너트 S
(리본 · 분홍색)

③ 꽃받침 : 레이지데이지 S
(황록색 2118)

⑦ 글자 : 백 S
(회색 893/2가닥)

② 줄기 : 스트레이트 S
(황록색 2118)

① 줄기 : 아웃라인 S
(황록색 2118)

가는 줄기를 뻗어 쿠션 같은 수풀을 만드는 버베나는 보기보다 무척 튼튼합니다. 평소에 장식하는 플라워 어레인지먼트에 약간 곁들이면 들꽃을 따 온 듯한 자연스러운 느낌으로 완성됩니다.

116 메리골드
Marigold

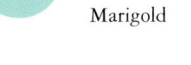

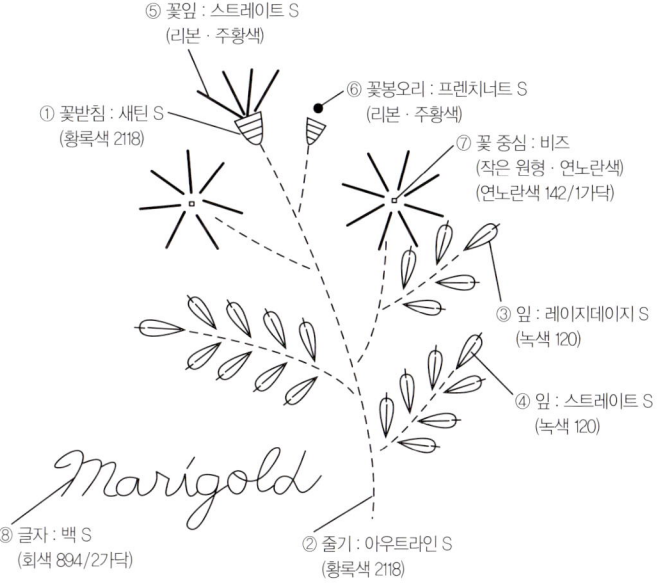

⑤ 꽃잎 : 스트레이트 S
(리본 · 주황색)

① 꽃받침 : 새틴 S
(황록색 2118)

⑥ 꽃봉오리 : 프렌치너트 S
(리본 · 주황색)

⑦ 꽃 중심 : 비즈
(작은 원형 · 연노란색)
(연노란색 142/1가닥)

③ 잎 : 레이지데이지 S
(녹색 120)

④ 잎 : 스트레이트 S
(녹색 120)

⑧ 글자 : 백 S
(회색 894/2가닥)

② 줄기 : 아웃라인 S
(황록색 2118)

여름

여름에는 빠뜨릴 수 없는 활기찬 색깔의 꽃입니다. 흙 속 벌레를 퇴치하는 효과가 있어서 정기적으로 정원에 심습니다. 흔한 꽃 같지만 갈색과 주황색 줄무늬가 있는 종류나 흰색 장미처럼 보이는 종류도 있어 얕볼 수 없습니다.

※ 각 계절마다 작품이 제작된 순으로 도안을 실었습니다. 색깔이나 스티치를 달리해서 같은 꽃이 중복해 등장하는 경우가 있습니다.

117 로즈제라늄
Rose Geranium

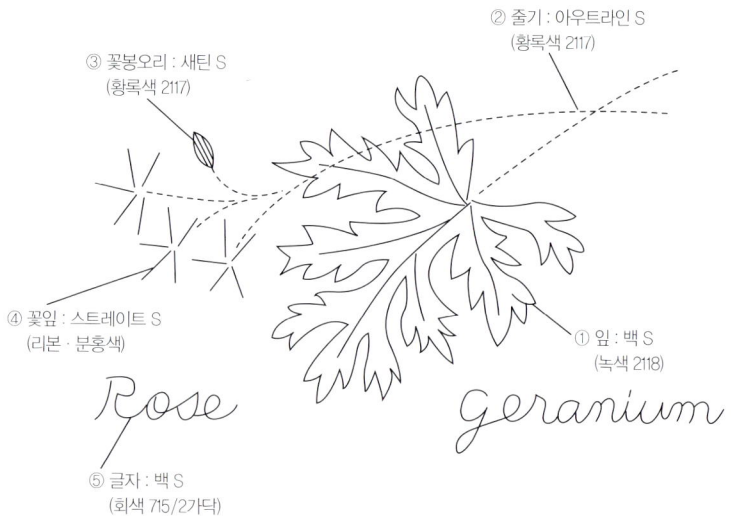

향기로운 제라늄에는 여러 종류가 있지만, 장미 향이 나는 로즈제라늄은 가까이에 두고 지나갈 때마다 만지면서 즐기고 싶어요. 작은 분홍색 꽃도 귀여워요.

118 한련화
Nasturtium

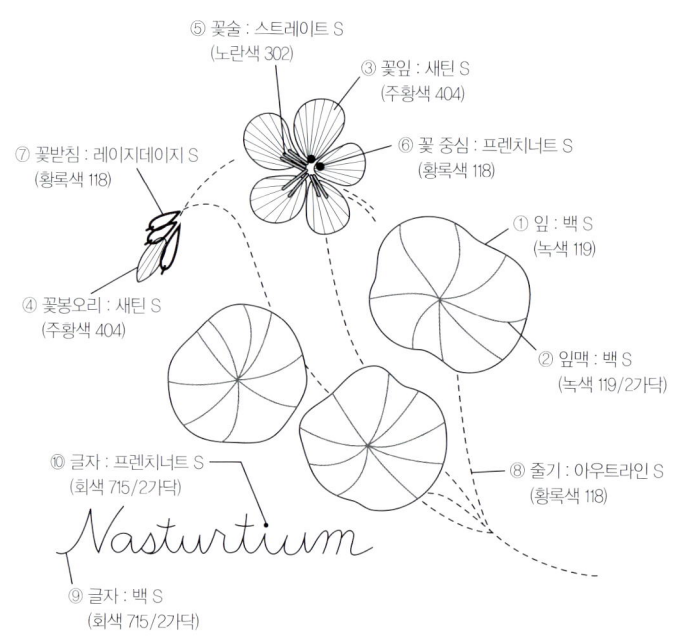

둥근 잎은 매끈한 질감이라서 물방울이 또르르 구릅니다. 화려한 꽃은 식용 꽃으로 샐러드에 사용됩니다. 여름을 나면 큰 포기로 자라서 화단이 채소밭처럼 되어요. 허브의 한 종류입니다.

※ 코스모 자수 실 25번을 사용하고, 별다른 지시가 없으면 '3가닥'으로 수놓습니다. ※ '5번'은 코스모 자수 실 5번을 가리킵니다. ※ 리본은 3.5㎜ 폭의 자수용 리본을 사용합니다.

Summer

119 아마
Flax

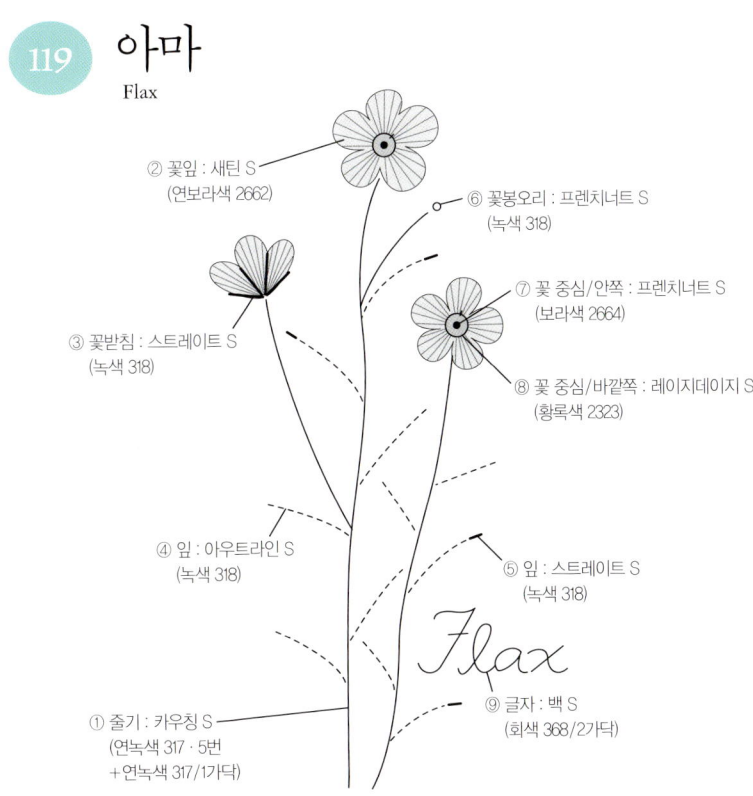

② 꽃잎 : 새틴 S
(연보라색 2662)

⑥ 꽃봉오리 : 프렌치너트 S
(녹색 318)

③ 꽃받침 : 스트레이트 S
(녹색 318)

⑦ 꽃 중심/안쪽 : 프렌치너트 S
(보라색 2664)

⑧ 꽃 중심/바깥쪽 : 레이지데이지 S
(황록색 2323)

④ 잎 : 아우트라인 S
(녹색 318)

⑤ 잎 : 스트레이트 S
(녹색 318)

① 줄기 : 카우칭 S
(연녹색 317 · 5번
+ 연녹색 317/1가닥)

⑨ 글자 : 백 S
(회색 368/2가닥)

아마는 리넨의 원료로 쓰입니다. 씨앗을 뿌려서 길렀더니 가는 줄기가 쭉 뻗어 나오고 그 끝에서 가지가 약간 갈라져 나와 연푸른색 꽃이 피었습니다. 꽃은 연약해 보였는데 줄기는 대단히 튼튼해요.

120 산비탈리아
Sanvitalia

여름

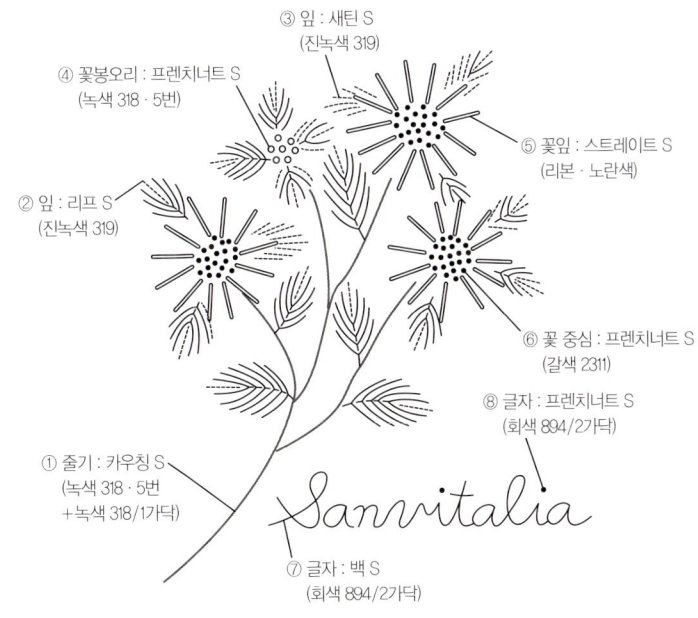

③ 잎 : 새틴 S
(진녹색 319)

④ 꽃봉오리 : 프렌치너트 S
(녹색 318 · 5번)

⑤ 꽃잎 : 스트레이트 S
(리본 · 노란색)

② 잎 : 리프 S
(진녹색 319)

⑥ 꽃 중심 : 프렌치너트 S
(갈색 2311)

⑧ 글자 : 프렌치너트 S
(회색 894/2가닥)

① 줄기 : 카우칭 S
(녹색 318 · 5번
+ 녹색 318/1가닥)

⑦ 글자 : 백 S
(회색 894/2가닥)

여름이라도 활기차게 꽃을 연달아 피웁니다. 저는 지피 식물로 사용하고 있어요. 꽃 중심 부분이 어두운 색이라서 해바라기로 빗대어 압화로 만들기도 합니다.

※ 개화와 결실 시기는 지역이나 품종에 따라 다릅니다. 또한 개화 기간이 긴 꽃도 있으므로 각 식물 이미지에 어울리는 계절에 배치했습니다.

Summer

121 헬리오트로프
Heliotrope

④ 꽃 : 프렌치너트 S
(보라색 555)

② 잎 : 새틴 S
(녹색 318)

③ 잎 : 리프 S
(녹색 318)

⑥ 글자 : 프렌치너트 S
(회색 368/2가닥)

① 줄기 : 카우칭 S
(연녹색 317 · 5번
+ 연녹색 317/1가닥)

⑤ 글자 : 백 S
(회색 368/2가닥)

향이 좋은 꽃을 방 안에서 기르는 것이 제 즐거움이에요. 그중에서도 헬리오트로프의 정겨운 서양풍 향이 마음에 들어요. 앤티크 숍의 향기 같다고 할까요.

122 제라늄 (빨간색)
Geranium

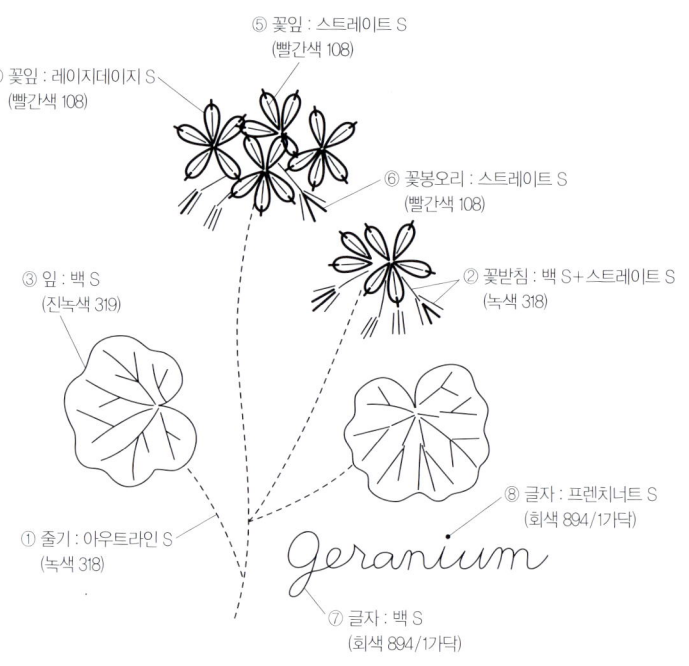

⑤ 꽃잎 : 스트레이트 S
(빨간색 108)

④ 꽃잎 : 레이지데이지 S
(빨간색 108)

⑥ 꽃봉오리 : 스트레이트 S
(빨간색 108)

③ 잎 : 백 S
(진녹색 319)

② 꽃받침 : 백 S + 스트레이트 S
(녹색 318)

⑧ 글자 : 프렌치너트 S
(회색 894/1가닥)

① 줄기 : 아웃라인 S
(녹색 318)

⑦ 글자 : 백 S
(회색 894/1가닥)

제라늄은 전 세계에서 창가를 장식하는 꽃으로 많이 사용된다고 하네요. 다소 건조한 환경이 좋으므로 저는 올리브나무와 함께 커다란 화분에서 재배한 적이 있습니다. 정원 안에서 빨간색을 거의 쓰지 않는데, 제라늄만은 빨간색을 좋아해요.

※ 코스모 자수 실 25번을 사용하고, 별다른 지시가 없으면 '3가닥'으로 수놓습니다. ※ '5번'은 코스모 자수 실 5번을 가리킵니다. ※ 리본은 3.5mm 폭의 자수용 리본을 사용합니다.

Summer

123 톱풀
Yarrow

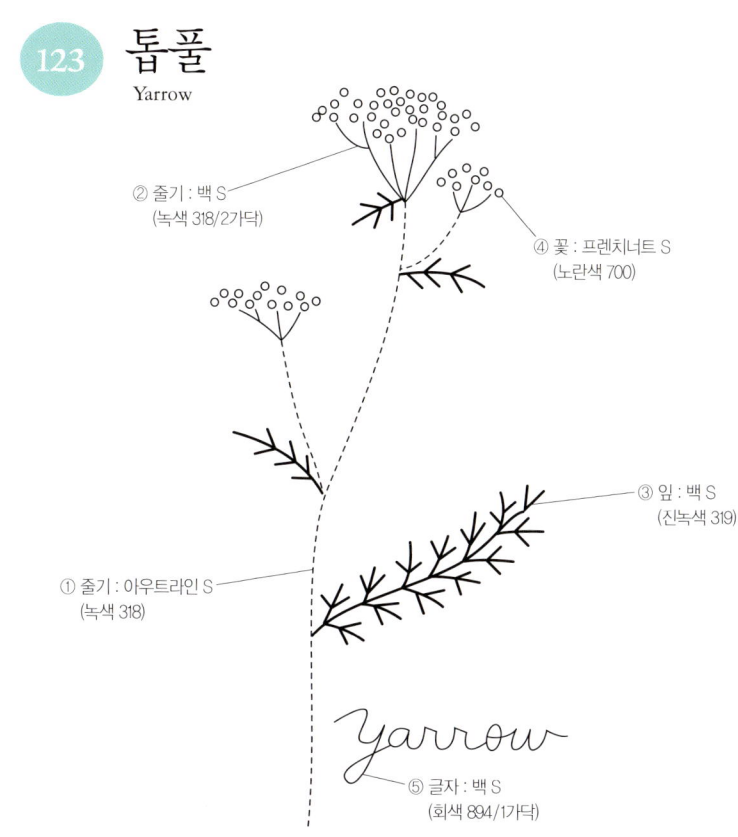

- ② 줄기 : 백 S (녹색 318/2가닥)
- ④ 꽃 : 프렌치노트 S (노란색 700)
- ③ 잎 : 백 S (신녹색 319)
- ① 줄기 : 아우트라인 S (녹색 318)
- ⑤ 글자 : 백 S (회색 894/1가닥)

허브 정원에는 꼭 심어져 있지만, 산촌과 들판에서도 야생 톱풀을 볼 수 있습니다. 들쭉날쭉한 잎이 톱을 닮아서 이런 이름이 붙었습니다.

124 메도우세이지
Meadow sage

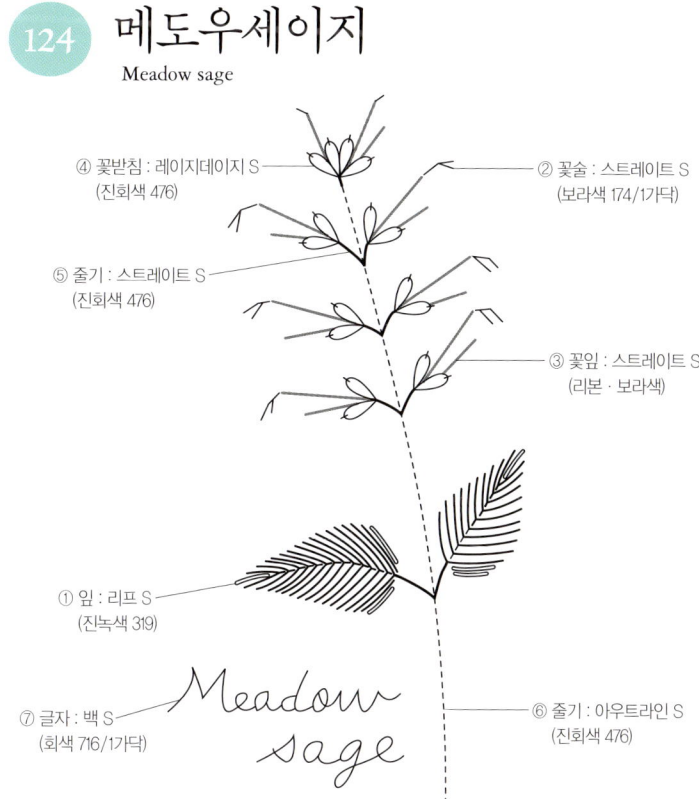

- ④ 꽃받침 : 레이지데이지 S (진회색 476)
- ② 꽃술 : 스트레이트 S (보라색 174/1가닥)
- ⑤ 줄기 : 스트레이트 S (진회색 476)
- ③ 꽃잎 : 스트레이트 S (리본·보라색)
- ① 잎 : 리프 S (진녹색 319)
- ⑦ 글자 : 백 S (회색 716/1가닥)
- ⑥ 줄기 : 아우트라인 S (진회색 476)

진한 보라색의 어른스러운 분위기가 나는 세이지입니다. 꽃은 물론 어두운 색의 줄기에서도 강한 향이 납니다. 초여름에서 가을까지 오랜 기간 꽃이 피고, 대단히 튼튼합니다.

※ 등장하는 꽃 이름은 영명·국명·학명·속명·별칭 등을 사용했습니다.

Summer

125 레드커런트
Red currant

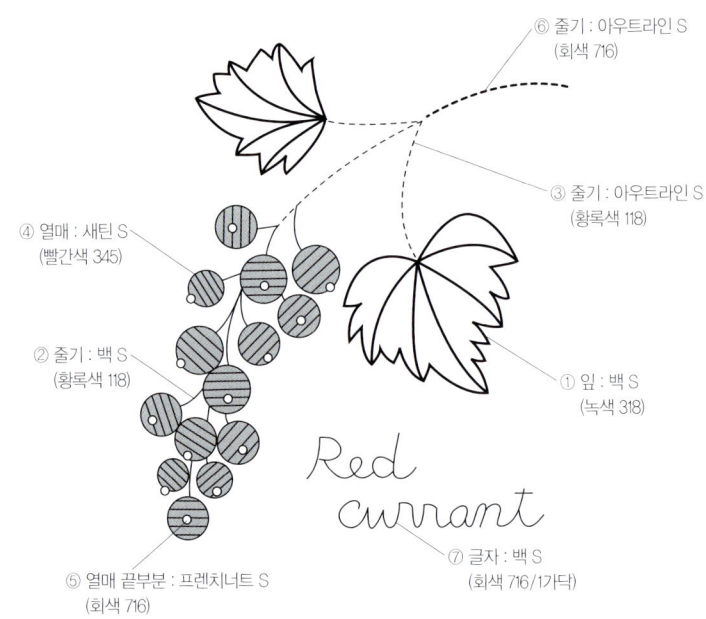

⑥ 줄기 : 아우트라인 S (회색 716)
③ 줄기 : 아우트라인 S (황록색 118)
④ 열매 : 새틴 S (빨간색 345)
② 줄기 : 백 S (황록색 118)
① 잎 : 백 S (녹색 318)
⑤ 열매 끝부분 : 프렌치너트 S (회색 716)
⑦ 글자 : 백 S (회색 716/1가닥)

'붉은까치밥'이라고도 부르며 루비 같은 열매가 달립니다. 열매에 비해 씨앗이 커서 대중적이지는 않지만 잼이나 젤리로 만듭니다. 스웨덴에서는 소스에 사용했습니다.

126 구스베리
Gooseberry

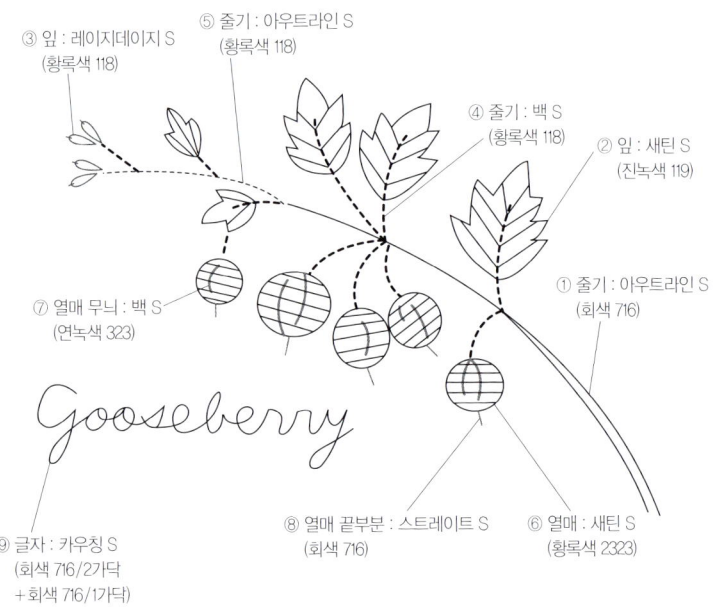

③ 잎 : 레이지데이지 S (황록색 118)
⑤ 줄기 : 아우트라인 S (황록색 118)
④ 줄기 : 백 S (황록색 118)
② 잎 : 새틴 S (진녹색 119)
⑦ 열매 무늬 : 백 S (연녹색 323)
① 줄기 : 아우트라인 S (회색 716)
⑨ 글자 : 카우칭 S (회색 716/2가닥 + 회색 716/1가닥)
⑧ 열매 끝부분 : 스트레이트 S (회색 716)
⑥ 열매 : 새틴 S (황록색 2323)

정원에 베리가 열리면 마음이 풍성해집니다. 다른 베리만큼 대중적이지는 않지만, 투명감이 있는 녹색 열매는 '정원의 보석'이라고 부를 만큼 예쁘답니다.

※ 코스모 자수 실 25번을 사용하고, 별다른 지시가 없으면 '3가닥'으로 수놓습니다. ※ '5번'은 코스모 자수 실 5번을 가리킵니다. ※ 리본은 3.5mm 폭의 자수용 리본을 사용합니다.

Summer

127 해바라기
Sunflower

⑤ 꽃 중심 : 프렌치너트 S
(갈색 706)

④ 꽃잎 : 스트레이트 S
(리본 · 노란색 그러데이션)

③ 잎 : 리프 S
(녹색 318)

② 줄기 : 스트레이트 S
(연녹색 317 · 5번)

① 줄기 : 카우칭 S
(연녹색 317 · 5번
+연녹색 317/1가닥)

⑥ 글자 : 카우칭 S
(회색 716/2가닥
+회색 716/1가닥)

정원이 좀 더 양지바르고 넓다면 해바라기 코너를 만들고 싶어요. 매년 받고 있는 원예 카탈로그를 펼치면 다양한 종류가 소개되어 있고, 고흐의 그림에 나오는 해바라기가 피는 믹스 씨앗도 있습니다. 작은 종류도 있지만 해바라기는 큰 것을 좋아해요.

128 에키네시아
Echinacea

⑤ 꽃 중심 : 프렌치너트 S
(갈색 309)

④ 꽃잎 : 스트레이트 S
(리본 · 분홍색)

③ 꽃잎 : 스트레이트 S
(분홍색 2221)

① 잎 : 새틴 S
(녹색 318)

② 줄기 : 아우트라인 S
(직직한 녹색 924)

⑥ 글자 : 카우칭 S
(회색 716/2가닥
+회색 716/1가닥)

여름

여름이 시작할 무렵부터 큼직한 분홍색 꽃이 피기 시작합니다. 꽃이 피면서 꽃잎이 셔틀콕처럼 뒤로 젖혀져 중심 부분이 인상적인 모양이 됩니다. 분홍색이라고 해도 빛깔이 약간 바랜 분홍색이라서 다른 꽃과 잘 어울립니다.

Summer

129 히솝
Hyssop

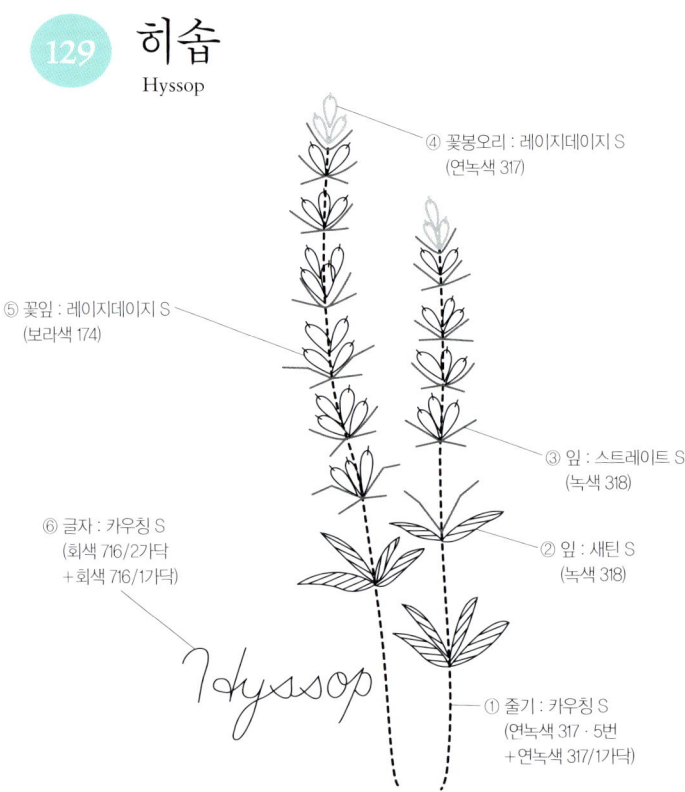

④ 꽃봉오리 : 레이지데이지 S
(연녹색 317)

⑤ 꽃잎 : 레이지데이지 S
(보라색 174)

③ 잎 : 스트레이트 S
(녹색 318)

⑥ 글자 : 카우칭 S
(회색 716/2가닥
+회색 716/1가닥)

② 잎 : 새틴 S
(녹색 318)

① 줄기 : 카우칭 S
(연녹색 317 · 5번
+연녹색 317/1가닥)

허브의 한 종류입니다. 허브는 실용적인 식물이지만 히솝은 꽃이 예쁜 허브로서 심는 일이 많으며, 산뜻한 향은 사람들에게 사랑받고 있습니다. 허브 부케로 만들어도 예쁩니다.

130 머스크멜로
Musk mallow

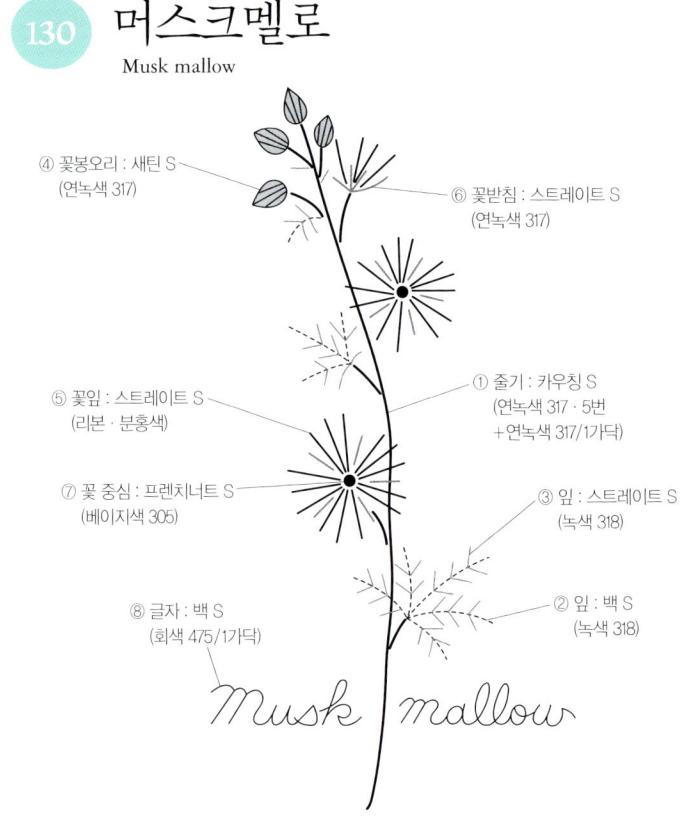

④ 꽃봉오리 : 새틴 S
(연녹색 317)

⑥ 꽃받침 : 스트레이트 S
(연녹색 317)

⑤ 꽃잎 : 스트레이트 S
(리본 · 분홍색)

① 줄기 : 카우칭 S
(연녹색 317 · 5번
+연녹색 317/1가닥)

⑦ 꽃 중심 : 프렌치너트 S
(베이지색 305)

③ 잎 : 스트레이트 S
(녹색 318)

⑧ 글자 : 백 S
(회색 475/1가닥)

② 잎 : 백 S
(녹색 318)

컨테이너에서 기른 꽃과 홋카이도에서 본 꽃은 색깔의 진한 정도가 달랐어요. 물론 홋카이도의 머스크멜로는 줄기가 굵고 꽃 색깔이 짙었지요. 하지만 정원의 가냘픈 머스크멜로도 귀여워요. 어느 쪽이나 모두 섬세한 분홍색 꽃잎이 인상적이에요.

※ 코스모 자수 실 25번을 사용하고, 별다른 지시가 없으면 '3가닥'으로 수놓습니다. ※ '5번'은 코스모 자수 실 5번을 가리킵니다. ※ 리본은 3.5mm 폭의 자수용 리본을 사용합니다.

Summer

131 아스터
Aster

⑦ 꽃 중심 : 프렌치너트 S (연노란색 701)
⑤ 꽃잎 : 레이지데이지 S (연보라색 173)
④ 꽃잎 : 스트레이트 S (연보라색 173)
③ 꽃받침 : 스트레이트 S (황록색 2118)
② 잎 : 스트레이트 S (황록색 2118)
⑥ 꽃봉오리 : 프렌치너트 S (연보라색 173)
① 줄기 : 아우트라인 S (황록색 2118/2가닥)
⑧ 글자 : 백 S (회색 716/2가닥)

아스터는 종류가 많지만 정원에서 친숙한 꽃은 '공작국'입니다. 가늘고 긴 줄기를 뻗어 작은 꽃을 피웁니다. '아스터'라는 이름은 그리스어로 '별'을 의미합니다.

132 솔리다스터
Solidaster

⑤ 꽃잎 : 스트레이트 S (연노란색 701)
⑥ 꽃 중심 : 프렌치너트 S (노란색 302)
④ 꽃받침 : 스트레이트 S (녹색 120)
③ 잎 : 새틴 S (녹색 120)
① 줄기 : 백 S (황록색 2118)
② 줄기 : 아우트라인 S (황록색 2118)
⑧ 글자 : 프렌치너트 S (회색 894/2가닥)
⑦ 글자 : 백 S (회색 894/2가닥)

'솔리다고'와 '아스터'의 교배종으로 꽃집에서 많이 볼 수 있지만 들풀의 분위기가 느껴져 정원용으로도 추천하는 꽃입니다. 작은 꽃이 모여서 한가득 피기 때문에 주연도 될 수 있고, 다른 꽃을 돋보이게 하는 조연도 될 수 있습니다.

여름

※ 개화와 결실 시기는 지역이나 품종에 따라 다릅니다. 또한 개화 기간이 긴 꽃도 있으므로 각 식물 이미지에 어울리는 계절에 배치했습니다.

Summer

133 톱풀
Achillea

④ 꽃 : 비즈(작은 원형·분홍색)
(분홍색 1105/1가닥)

② 줄기·잎 : 스트레이트 S
(연녹색 2317)

① 잎 : 스트레이트 S
(녹색 318)

③ 줄기 : 아웃라인 S
(연녹색 2317)

⑥ 글자 : 프렌치너트 S
(회색 893/2가닥)

⑤ 글자 : 백 S
(회색 893/2가닥)

'아킬레아'라고도 부르는 톱풀은 톱을 닮은 잎 모양에서 이름이 유래했어요. 들에는 흰색 꽃이 많지만, 원예종은 색깔이 다양해서 분홍색 외에 주황색이나 은은한 색도 있습니다.

134 등골나물아재비
Ageratum

④ 꽃 : 스트레이트 S
(청자색 663/2가닥)

⑤ 꽃 : 프렌치너트 S
(보라색 174)

② 줄기 : 스트레이트 S
(연한 황록색 2117)

① 잎 : 리프 S
(황록색 2118)

③ 줄기 : 아웃라인 S
(연한 황록색 2117)

⑥ 글자 : 백 S
(회색 895/1가닥)

초여름에서 겨울에 걸쳐 제 정원에 기본적으로 피어 있는 꽃입니다. 매년 리네아리스와 같이 씨앗을 뿌려서 기릅니다. 어디에 심어도 다부지게 피는 슈퍼서브 같은 존재로, 키가 커지면 절화로도 사용할 수 있답니다.

※ 코스모 자수 실 25번을 사용하고, 별다른 지시가 없으면 '3가닥'으로 수놓습니다. ※ 리본은 3.5mm 폭의 자수용 리본을 사용합니다.

Summer

135 제라늄 (분홍색)
Geranium

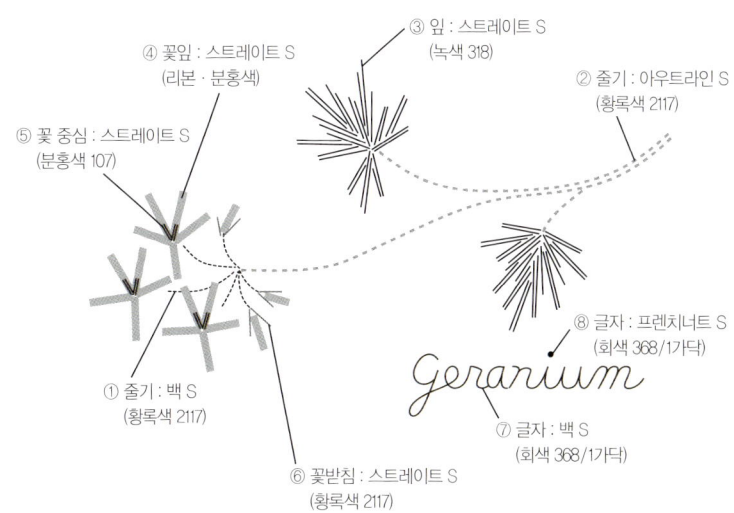

- ④ 꽃잎 : 스트레이트 S (리본 · 분홍색)
- ③ 잎 : 스트레이트 S (녹색 318)
- ⑤ 꽃 중심 : 스트레이트 S (분홍색 107)
- ② 줄기 : 아웃라인 S (황록색 2117)
- ① 줄기 : 백 S (황록색 2117)
- ⑥ 꽃받침 : 스트레이트 S (황록색 2117)
- ⑧ 글자 : 프렌치너트 S (회색 368/1가닥)
- ⑦ 글자 : 백 S (회색 368/1가닥)

한데 묶어서 '제라늄'이라고 부르지만, 컨테이너나 행잉 바스켓에서 피는 화려한 꽃은 '펠라고늄'이에요. 그중에서도 꽃은 작지만 다양한 향을 가진 '센티드제라늄'은 잎이 섬세해서 곁에 두고 기르고픈 허브랍니다. 옆을 지날 때마다 무심코 만져서 향을 맡게 되는 매력이 있습니다.

136 블루스타
Bluestar

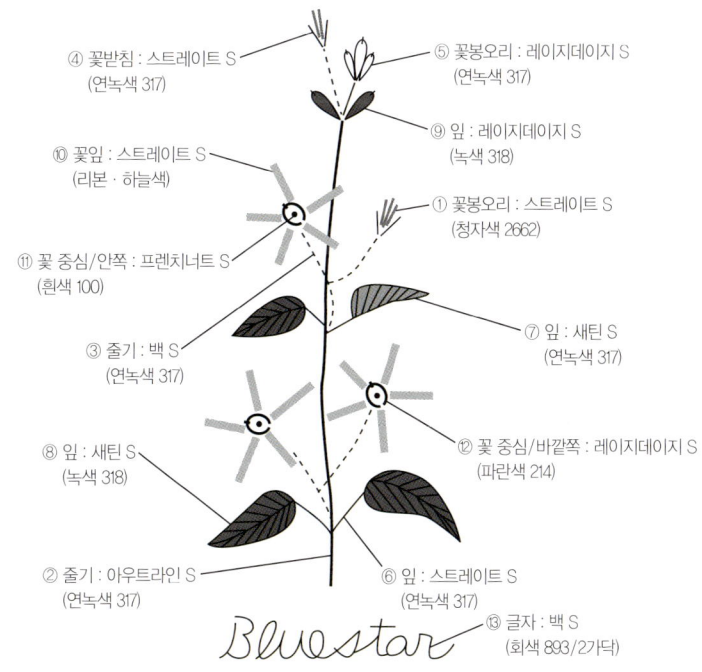

- ④ 꽃받침 : 스트레이트 S (연녹색 317)
- ⑤ 꽃봉오리 : 레이지데이지 S (연녹색 317)
- ⑩ 꽃잎 : 스트레이트 S (리본 · 하늘색)
- ⑨ 잎 : 레이지데이지 S (녹색 318)
- ① 꽃봉오리 : 스트레이트 S (청자색 2662)
- ⑪ 꽃 중심/안쪽 : 프렌치너트 S (흰색 100)
- ③ 줄기 : 백 S (연녹색 317)
- ⑦ 잎 : 새틴 S (연녹색 317)
- ⑧ 잎 : 새틴 S (녹색 318)
- ⑫ 꽃 중심/바깥쪽 : 레이지데이지 S (파란색 214)
- ② 줄기 : 아웃라인 S (연녹색 317)
- ⑥ 잎 : 스트레이트 S (연녹색 317)
- ⑬ 글자 : 백 S (회색 893/2가닥)

여름

어느 꽃에서도 찾아볼 수 없는 파란색과 은빛을 띠는 녹색 잎의 질감이 멋집니다. 꽃봉오리에서 꽃이 피면서 점점 푸르게 되는 모습이 아름답습니다. 절화로서 인기가 있지만, 정원에서도 잘 자라서 키가 큰 커다란 포기가 됩니다.

※등장하는 꽃 이름은 영명 · 국명 · 학명 · 속명 · 별칭 등을 사용했습니다.

Summer

137 헬레늄
Helenium

⑦ 꽃 중심 : 프렌치너트 S
(갈색 311)

⑧ 꽃 중심 : 프렌치너트 S
(갈색 311/2가닥
+황록색 2118/1가닥을 겹치기)

⑥ 꽃잎 : 스트레이트 S
(리본·주황색 그러데이션)

⑤ 꽃봉오리 : 프렌치너트 S
(녹색 119)

② 꽃받침 : 레이지데이지 S
(황록색 2118)

④ 잎 : 백 S
(녹색 119)

③ 잎 : 새틴 S
(녹색 119)

① 줄기 : 아웃라인 S
(황록색 2118)

⑩ 글자 : 프렌치너트 S
(회색 893/2가닥)

⑨ 글자 : 백 S
(회색 893/2가닥)

꽃이 피면 중심 부분이 경단처럼 봉긋하게 솟아요. 따뜻한 색깔의 꽃잎은 노란색, 주황색, 빨간색이 어우러져서 여름의 강한 햇살에 환하게 빛납니다. 저는 씨앗을 뿌려서 길렀습니다.

138 층꽃나무
Blue beard

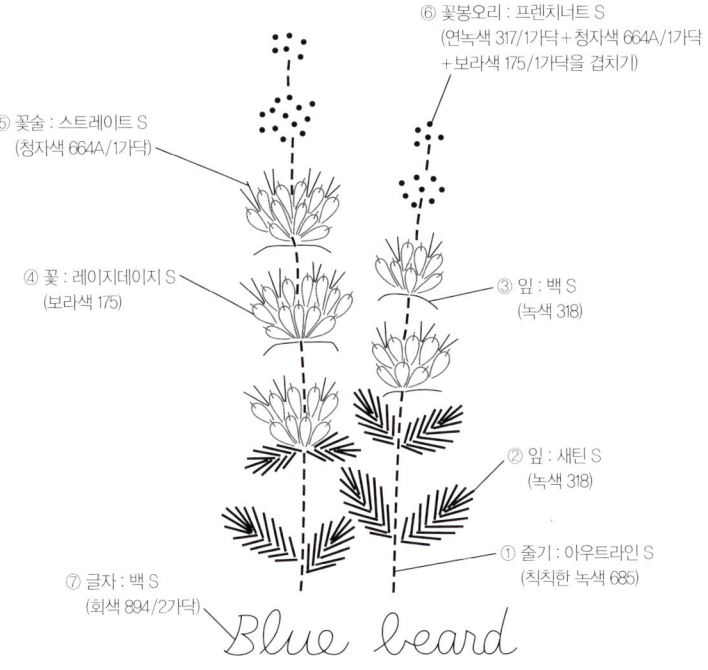

⑥ 꽃봉오리 : 프렌치너트 S
(연녹색 317/1가닥+청자색 664A/1가닥
+보라색 175/1가닥을 겹치기)

⑤ 꽃술 : 스트레이트 S
(청자색 664A/1가닥)

④ 꽃 : 레이지데이지 S
(보라색 175)

③ 잎 : 백 S
(녹색 318)

② 잎 : 새틴 S
(녹색 318)

① 줄기 : 아웃라인 S
(직직한 녹색 685)

⑦ 글자 : 백 S
(회색 894/2가닥)

마편초과의 식물로, 작은 꽃이 한데 모여 층층이 피어 이런 이름이 붙었습니다. 여름에서 가을에 걸쳐 피는 파란색 꽃으로 유용하게 쓰입니다. 영명은 '푸른 수염'을 뜻하는데, 잔혹한 고전 동화의 이름과 같아요. 이름이 이 꽃과 잘 어울리면서도 섬뜩하기도 해요.

※ 코스모 자수 실 25번을 사용하고, 별다른 지시가 없으면 '3가닥'으로 수놓습니다. ※ 리본은 3.5mm 폭의 자수용 리본을 사용합니다.

Summer

139 스카이볼라
Scaevola

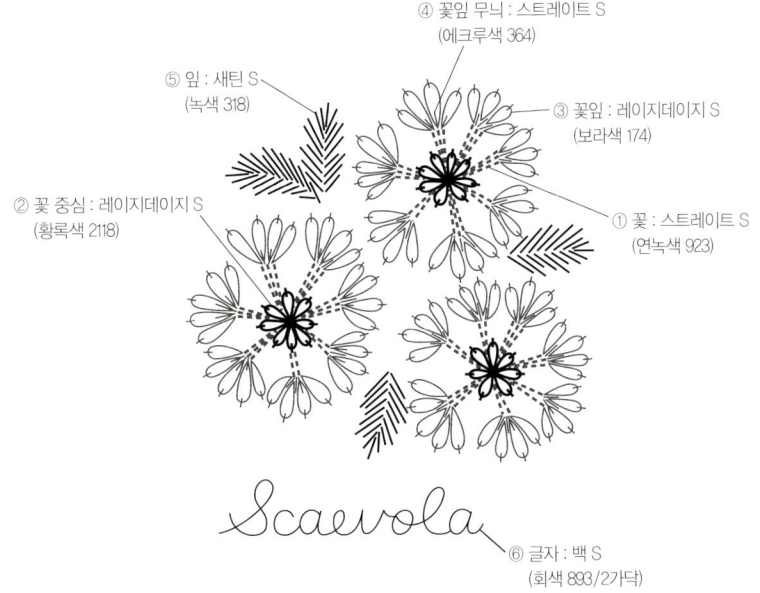

④ 꽃잎 무늬 : 스트레이트 S
(에크루색 364)

⑤ 잎 : 새틴 S
(녹색 318)

③ 꽃잎 : 레이지데이지 S
(보라색 174)

② 꽃 중심 : 레이지데이지 S
(황록색 2118)

① 꽃 : 스트레이트 S
(연녹색 923)

⑥ 글자 : 백 S
(회색 893/2가닥)

여름 화단에 심을 파란 꽃을 고를 때 블루 샐비어와 함께 애용하는 꽃입니다. 작은 꽃이 둥글게 모여서 피는데, 하나의 꽃이 부채처럼 생겨서 '블루 팬 플라워'라고도 해요. 포복성이라서 높이가 있는 화단 앞쪽을 지정석으로 했습니다. 정원보다도 컨테이너에 심어 가까이에서 즐겨요.

140 툰베르기아
Thunbergia

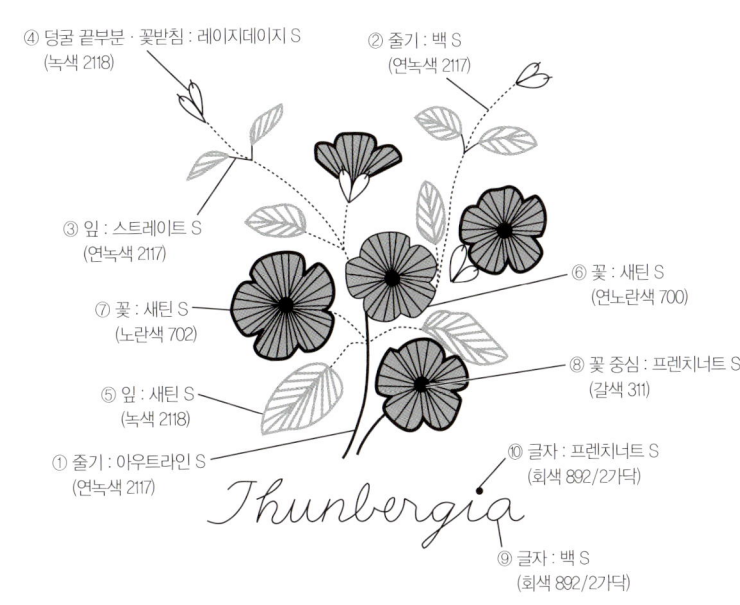

④ 덩굴 끝부분·꽃받침 : 레이지데이지 S
(녹색 2118)

② 줄기 : 백 S
(연녹색 2117)

③ 잎 : 스트레이트 S
(연녹색 2117)

⑥ 꽃 : 새틴 S
(연노란색 700)

⑦ 꽃 : 새틴 S
(노란색 702)

⑧ 꽃 중심 : 프렌치넛 S
(갈색 311)

⑤ 잎 : 새틴 S
(녹색 2118)

① 줄기 : 아웃라인 S
(연녹색 2117)

⑩ 글자 : 프렌치넛 S
(회색 892/2가닥)

⑨ 글자 : 백 S
(회색 892/2가닥)

에너지 절약 대책으로 주목받는 덩굴 식물 중 하나입니다. 별칭은 '블랙아이드 수잔'이에요. 수잔은 흔한 여자 이름이라고 하네요. 꽃이 피면서 조금씩 색깔이 바래기 때문에 같은 포기에서도 미묘한 색깔 차이를 즐길 수 있어요.

※등장하는 꽃 이름은 영명·국명·학명·속명·별칭 등을 사용했습니다.

Summer

141 체리세이지
Cherry sage

⑤ 꽃받침 · 꽃봉오리 : 레이지데이지 S
(적갈색 236)

⑥ 꽃 : 스트레이트 S
(리본 · 빨간색)

③ 줄기 : 스트레이트 S
(적갈색 236)

④ 줄기 : 아우트라인 S
(적갈색 236)

① 잎 : 새틴 S
(녹색 318)

② 잎 : 스트레이트 S
(녹색 318)

⑦ 글자 : 백 S
(회색 2154/2가닥)

주연은 되지 못하지만 언제나 제 몫을 해내는 믿음직한 꽃입니다. 여름이라도 꽃을 풍성하게 피웁니다. 세이지의 한 종류라서 손으로 만지면 상큼한 좋은 향이 나고, 작은 꽃다발을 만들 때에도 유용합니다.

142 빌베리
Bilberry

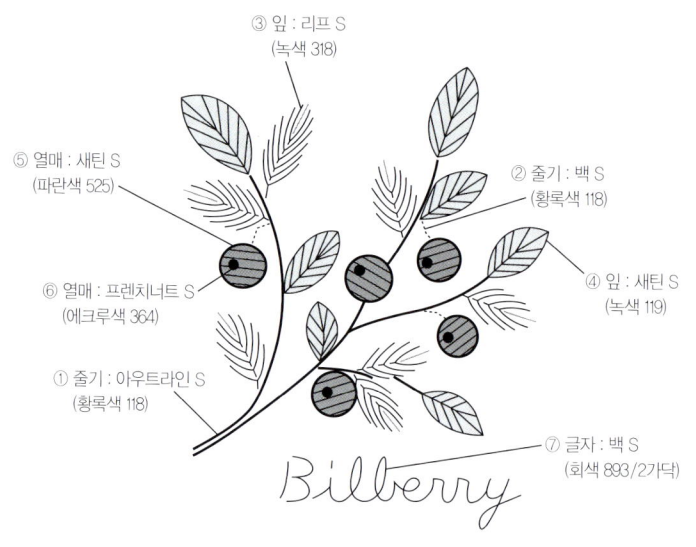

③ 잎 : 리프 S
(녹색 318)

⑤ 열매 : 새틴 S
(파란색 525)

② 줄기 : 백 S
(황록색 118)

⑥ 열매 : 프렌치노트 S
(에크루색 364)

④ 잎 : 새틴 S
(녹색 119)

① 줄기 : 아우트라인 S
(황록색 118)

⑦ 글자 : 백 S
(회색 893/2가닥)

작은 열매에 함유된 안토시아닌이 눈에 좋다고 합니다. 이 빌베리는 북유럽 숲에 지피 식물처럼 자라고 있어요. 20대 때 작은 양동이를 들고 따라 간 적이 있습니다. 야생 식물이라서 블루베리처럼 열매가 빽빽이 달려 있지는 않지만, 숲의 은혜를 누리고 있음을 강하게 느꼈습니다.

※ 코스모 자수 실 25번을 사용하고, 별다른 지시가 없으면 '3가닥'으로 수놓습니다. ※ '5번'은 코스모 자수 실 5번을 가리킵니다. ※ 리본은 3.5mm 폭의 자수용 리본을 사용합니다.

Summer

143 크라스페디아
Craspedia

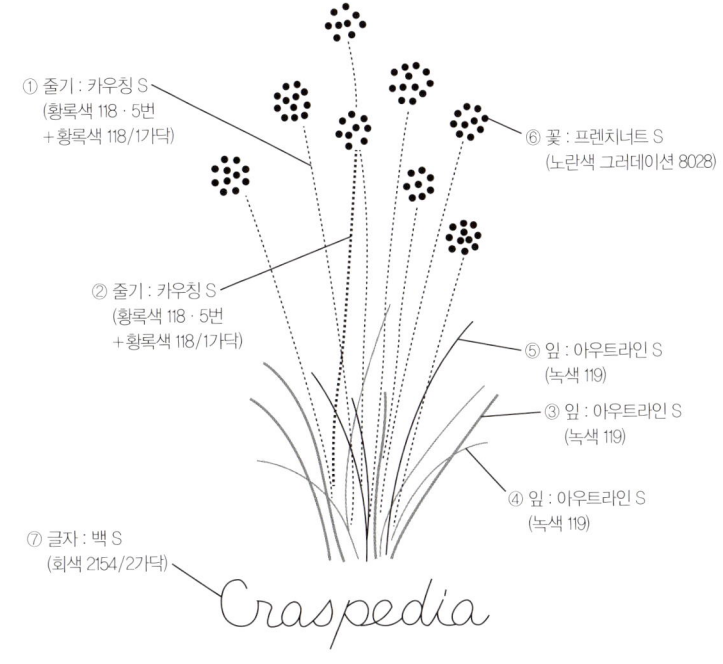

① 줄기 : 카우칭 S
(황록색 118 · 5번
+황록색 118/1가닥)

② 줄기 : 카우칭 S
(황록색 118 · 5번
+황록색 118/1가닥)

⑥ 꽃 : 프렌치너트 S
(노란색 그러데이션 8028)

⑤ 잎 : 아우트라인 S
(녹색 119)

③ 잎 : 아우트라인 S
(녹색 119)

④ 잎 : 아우트라인 S
(녹색 119)

⑦ 글자 : 백 S
(회색 2154/2가닥)

노란색 공 모양의 꽃을 피웁니다. 씨앗 카탈로그를 볼 때마다 재배하면 재밌겠다 생각했지만 다음으로 미루곤 했습니다. 해마다 색다른 씨앗을 뿌리기로 하여 올해에는 이 꽃을 골랐습니다. 녹색 잎 사이에서 노란 꽃이 쏙쏙 솟아나 훌륭한 포인트가 되어 주겠지요.

144 클레마티스
Clematis

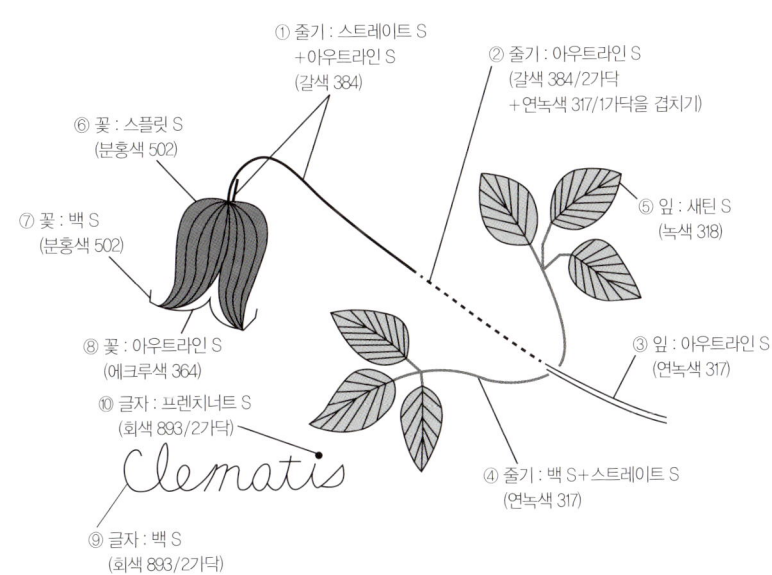

① 줄기 : 스트레이트 S
+아우트라인 S
(갈색 384)

② 줄기 : 아우트라인 S
(갈색 384/2가닥
+연녹색 317/1가닥을 겹치기)

⑥ 꽃 : 스플릿 S
(분홍색 502)

⑦ 꽃 : 백 S
(분홍색 502)

⑤ 잎 : 새틴 S
(녹색 318)

⑧ 꽃 : 아우트라인 S
(에크루색 364)

⑩ 글자 : 프렌치너트 S
(회색 893/2가닥)

③ 잎 : 아우트라인 S
(연녹색 317)

④ 줄기 : 백 S+스트레이트 S
(연녹색 317)

⑨ 글자 : 백 S
(회색 893/2가닥)

여름

장미와 함께 꽃 정원에서 빼놓을 수 없는 꽃입니다. 색깔도 형태도 월등하게 다채로워요. 그중에서도 종 모양의 클레마티스는 그 귀여운 모습이 아치에 잘 어울리므로, 최대한 실력을 발휘해 덩굴이 예쁘게 뻗도록 합니다. 물올림이 좋아서 테이블에 장식하는 꽃으로도 알맞습니다.

Summer

145 베르가못
Bergamot

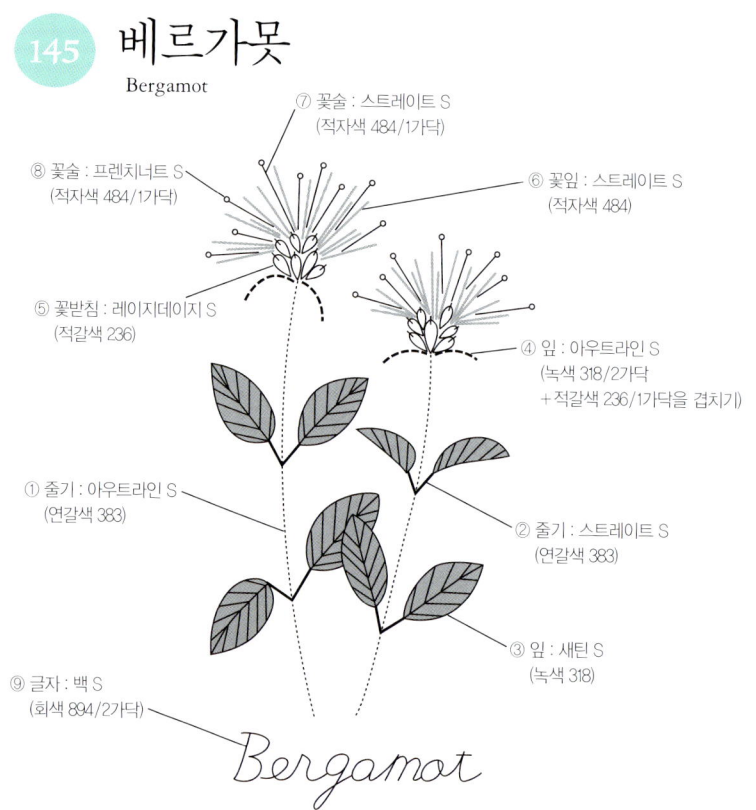

⑦ 꽃술 : 스트레이트 S
(적자색 484/1가닥)

⑧ 꽃술 : 프렌치너트 S
(적자색 484/1가닥)

⑥ 꽃잎 : 스트레이트 S
(적자색 484)

⑤ 꽃받침 : 레이지데이지 S
(적갈색 236)

④ 잎 : 아웃라인 S
(녹색 318/2가닥
+적갈색 236/1가닥을 겹치기)

① 줄기 : 아웃라인 S
(연갈색 383)

② 줄기 : 스트레이트 S
(연갈색 383)

③ 잎 : 새틴 S
(녹색 318)

⑨ 글자 : 백 S
(회색 894/2가닥)

허브 중에서도 유난히 꽃 색깔이 선명하고, 초여름에서 가을까지 계속 꽃이 핍니다. 절화로도 즐길 수 있습니다. 땅속줄기로 속속 늘어나므로 순식간에 크게 무리를 이루기도 합니다. 수를 적당히 조절하는 것이 재배 요령입니다.

146 스코파리아
Scoparia

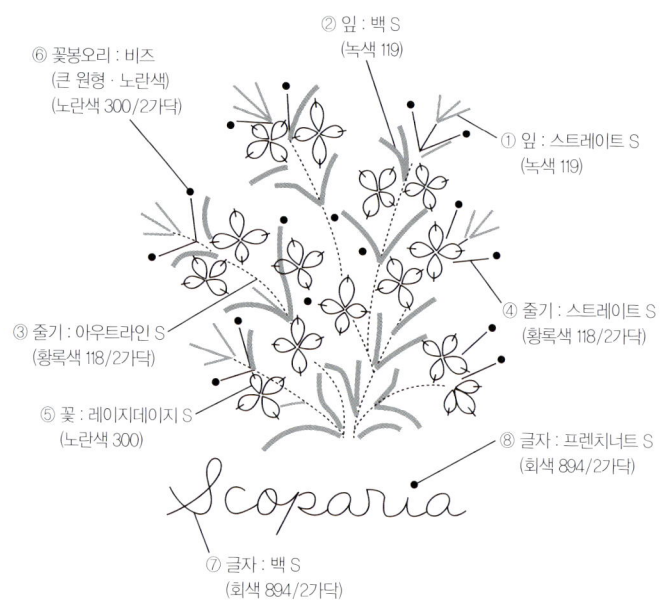

② 잎 : 백 S
(녹색 119)

⑥ 꽃봉오리 : 비즈
(큰 원형·노란색)
(노란색 300/2가닥)

① 잎 : 스트레이트 S
(녹색 119)

③ 줄기 : 아웃라인 S
(황록색 118/2가닥)

④ 줄기 : 스트레이트 S
(황록색 118/2가닥)

⑤ 꽃 : 레이지데이지 S
(노란색 300)

⑧ 글자 : 프렌치너트 S
(회색 894/2가닥)

⑦ 글자 : 백 S
(회색 894/2가닥)

정원에는 노란색 꽃을 별로 심지 않지만, 이 작은 레몬색 스코파리아는 사용하기 쉽고 튼튼해서 기르고 있어요. 작은 꽃이 탐스럽게 피어 컨테이너 외에도 높이가 있는 화단의 가장자리나 구석에 제격입니다.

※ 코스모 자수 실 25번을 사용하고, 별다른 지시가 없으면 '3가닥'으로 수놓습니다. ※ 리본은 3.5mm 폭의 자수용 리본을 사용합니다.

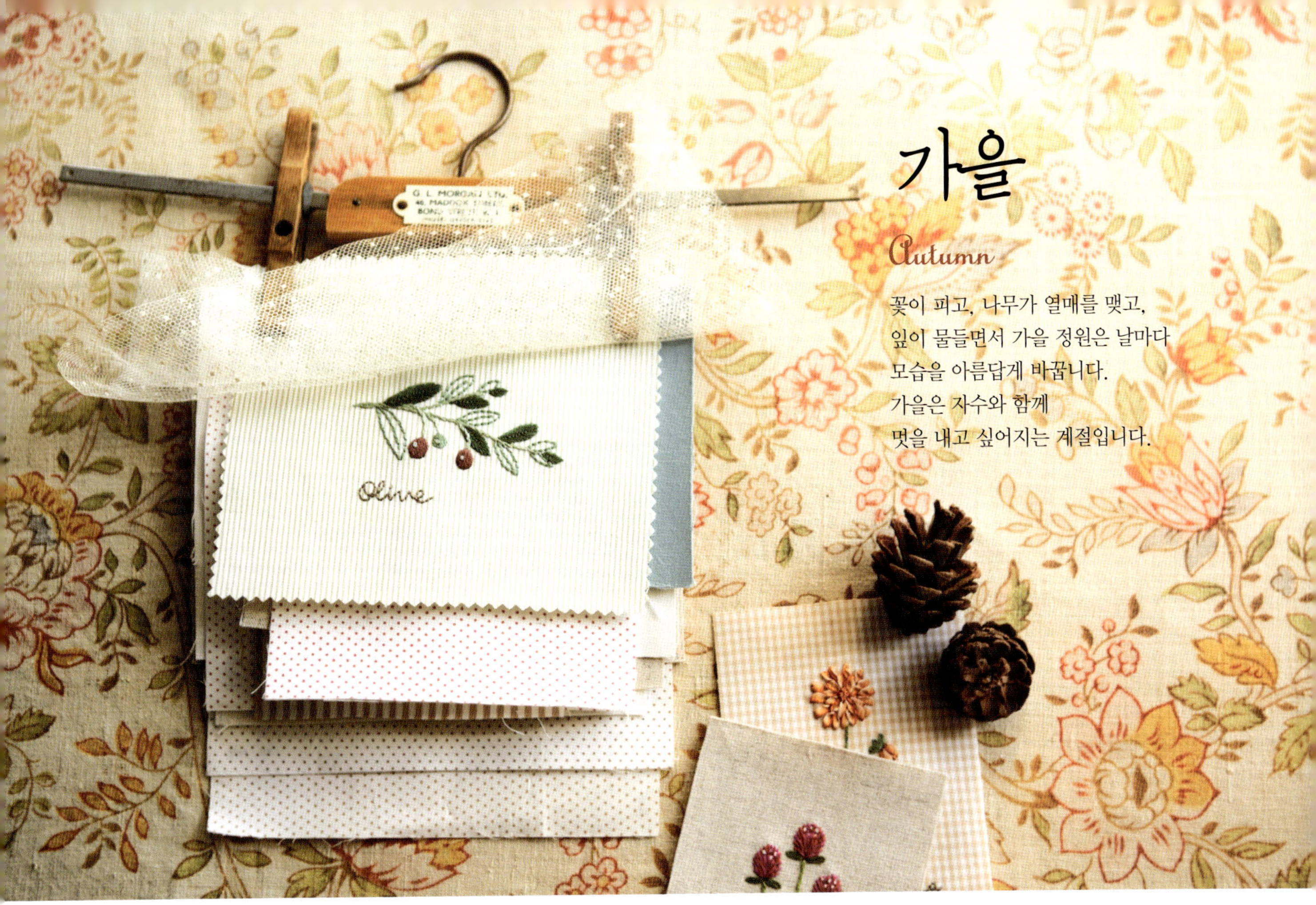

가을

Autumn

꽃이 피고, 나무가 열매를 맺고,
잎이 물들면서 가을 정원은 날마다
모습을 아름답게 바꿉니다.
가을은 자수와 함께
멋을 내고 싶어지는 계절입니다.

147 콘플라워

Cornflower

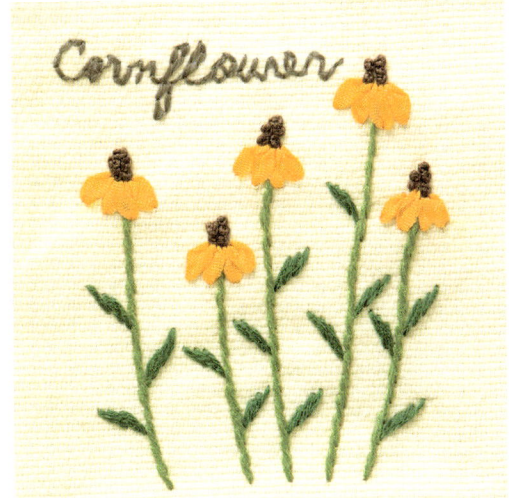

보리밭에 피는 야생화를 '콘플라워'라고 많이 부르는 모양입니다. 파란색 수레국화와 콘 메리골드가 그에 속합니다. 노란색 꽃은 루드베키아로, 쭉 뻗은 줄기에 오랫동안 꽃이 피어 있습니다.

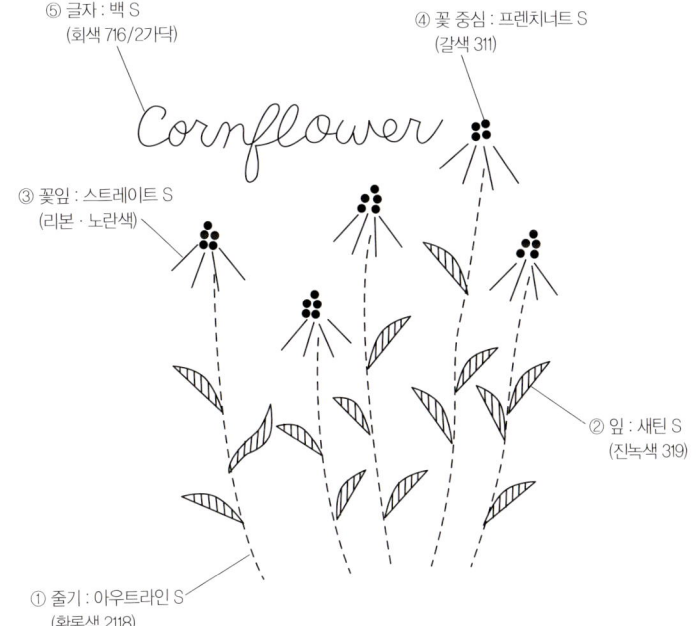

⑤ 글자 : 백 S
(회색 716/2가닥)
④ 꽃 중심 : 프렌치너트 S
(갈색 311)
Cornflower
③ 꽃잎 : 스트레이트 S
(리본 · 노란색)
② 잎 : 새틴 S
(진녹색 319)
① 줄기 : 아우트라인 S
(황록색 2118)

여름

가을

※각 계절마다 작품이 제작된 순으로 도안을 실었습니다. 색깔이나 스티치를 달리해서 같은 꽃이 중복해 등장하는 경우가 있습니다.

Autumn

148 올리브
Olive

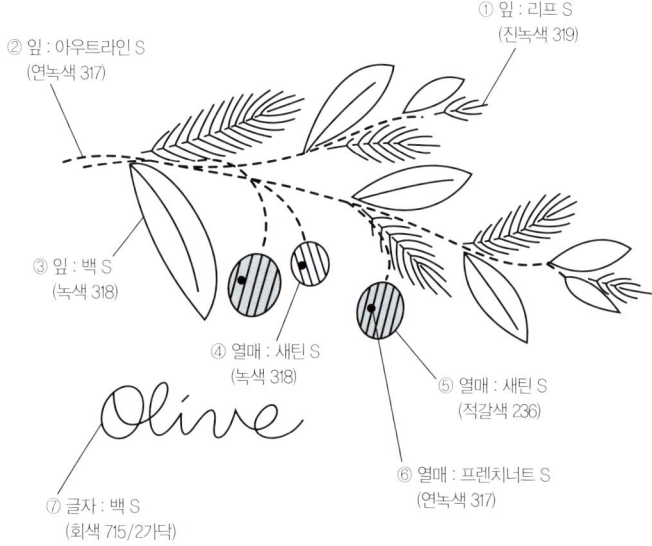

① 잎 : 리프 S (진녹색 319)
② 잎 : 아우트라인 S (연녹색 317)
③ 잎 : 백 S (녹색 318)
④ 열매 : 새틴 S (녹색 318)
⑤ 열매 : 새틴 S (적갈색 236)
⑥ 열매 : 프렌치너트 S (연녹색 317)
⑦ 글자 : 백 S (회색 715/2가닥)

은빛 잎이 달리는 상록수입니다. 작은 모종을 컨테이너에 심어 재배하고 있어 성장은 느리지만, 초여름에는 향기롭고 작은 흰 꽃이 피고 가을에는 열매가 열립니다.

149 도토리
Acorn

③ 잎 : 백 S (갈색 578)
④ 잎맥 : 아우트라인 S (갈색 578/2가닥)
② 잎 중심 : 백 S (암갈색 386)
⑧ 깍정이 끝부분 : 스트레이트 S (암갈색 386)
⑨ 깍정이 : 프렌치너트 S (암갈색 386)
⑤ 열매 : 새틴 S (적갈색 2129)
⑥ 열매 끝부분 : 스트레이트 S (적갈색 2129)
⑦ 열매 : 프렌치너트 S (연한 베이지색 365)
① 줄기 : 아우트라인 S (암갈색 386)
⑩ 글자 : 백 S (회색 475/2가닥)

같은 도토리라고 해도 크기는 가지각색입니다. 스웨덴에서 본 유럽떡갈나무의 열매는 통통하고 커서, 이것이야말로 진정한 도토리라는 생각이 들었습니다.

※ 코스모 자수 실 25번을 사용하고, 별다른 지시가 없으면 '3가닥'으로 수놓습니다. ※ '5번'은 코스모 자수 실 5번을 가리킵니다.

Autumn

150 초콜릿코스모스
Chocolate Cosmos

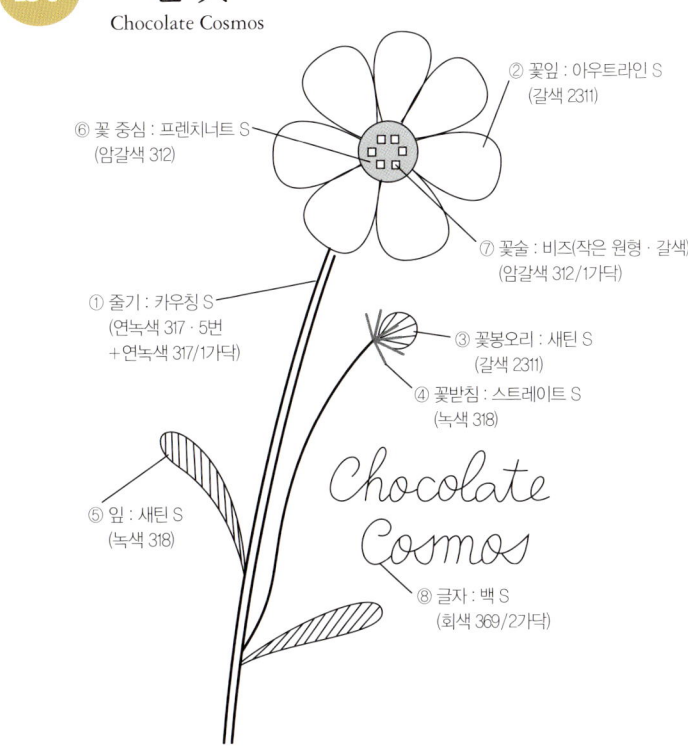

② 꽃잎 : 아우트라인 S
(갈색 2311)

⑥ 꽃 중심 : 프렌치너트 S
(암갈색 312)

⑦ 꽃술 : 비즈(작은 원형 · 갈색)
(암갈색 312/1가닥)

① 줄기 : 카우칭 S
(연녹색 317 · 5번
+ 연녹색 317/1가닥)

③ 꽃봉오리 : 새틴 S
(갈색 2311)

④ 꽃받침 : 스트레이트 S
(녹색 318)

⑤ 잎 : 새틴 S
(녹색 318)

⑧ 글자 : 백 S
(회색 369/2가닥)

은은한 색의 꽃들에서 포인트가 되어 주는 어두운 색의 꽃입니다. 이외에도 검은색 다알리아와 고구마 잎과 비슷한 관엽 식물인 검은색 이포메아도 심었습니다.

151 개머루 (a)
Wild grape

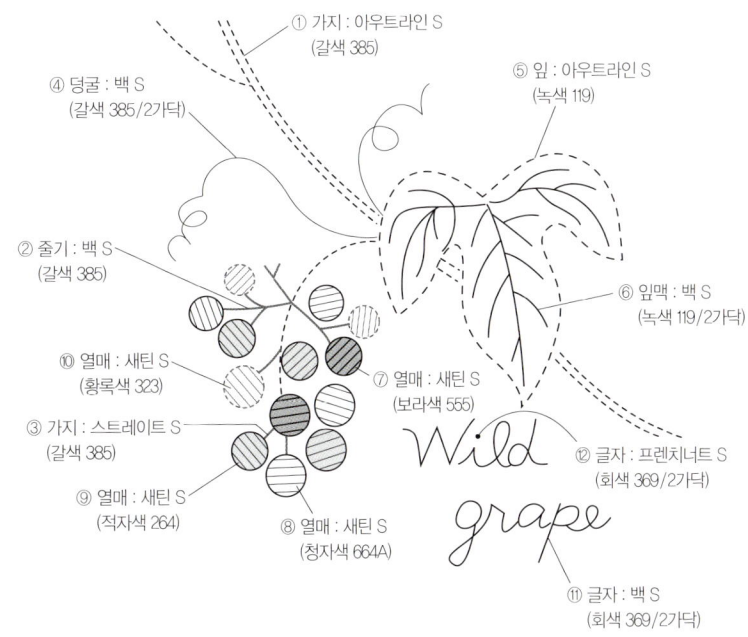

① 가지 : 아우트라인 S
(갈색 385)

⑤ 잎 : 아우트라인 S
(녹색 119)

④ 덩굴 : 백 S
(갈색 385/2가닥)

② 줄기 : 백 S
(갈색 385)

⑥ 잎맥 : 백 S
(녹색 119/2가닥)

⑩ 열매 : 새틴 S
(황록색 323)

⑦ 열매 : 새틴 S
(보라색 555)

③ 가지 : 스트레이트 S
(갈색 385)

⑨ 열매 : 새틴 S
(적자색 264)

⑧ 열매 : 새틴 S
(청자색 664A)

⑫ 글자 : 프렌치너트 S
(회색 369/2가닥)

⑪ 글자 : 백 S
(회색 369/2가닥)

어릴 적 파란색과 보라색 그러데이션의 열매가 달린 담쟁이덩굴이 들판에 있어서 예쁘다고 생각한 적이 있는데, 그 열매가 개머루였어요. 가을이 되면 스케치하고 싶어지는 들판의 보석이에요.

가을

※ 개화와 결실 시기는 지역이나 품종에 따라 다릅니다. 또한 개화 기간이 긴 꽃도 있으므로 각 식물 이미지에 어울리는 계절에 배치했습니다.

Autumn

152 다알리아 (주황색)
Dahlia

⑤ 꽃 중심 : 프렌치너트 S
(주황색 186)

④ 꽃잎 : 스트레이트 S
(리본·주황색 그러데이션)

③ 꽃받침 : 레이지데이지 S
(녹색 318)

② 잎 : 리프 S
(녹색 318)

⑦ 글자 : 프렌치너트 S
(회색 368/2가닥)

① 줄기 : 카우칭 S
(녹색 318·5번
+녹색 318/1가닥)

⑥ 글자 : 백 S
(회색 368/2가닥)

심어 보지도 않고 꺼리던 꽃이 몇 있었는데 그중 하나가 다알리아였습니다. 언젠가 잎 색깔이 어두운 다알리아를 심었더니 화단을 다잡아 주는 역할을 하더군요. 그 이후부터 다알리아는 눈을 뗄 수 없는 꽃이 되었습니다.

153 작살나무
Beautyberry

③ 잎 : 리프 S
(녹색 318)

② 줄기 : 스트레이트 S
(연갈색 384)

⑤ 열매 : 프렌치너트 S
(보라색 284/6가닥)

① 줄기 : 아웃라인 S
(연갈색 384)

④ 잎 : 리프 S
(황록색 2118)

⑥ 글자 : 백 S
(회색 368/2가닥)

도감에서 찾아보니 작살나무는 '뷰티베리'라고도 하더군요. 윤기가 도는 적자색의 작은 열매는 그 색깔이 비길 데 없이 아름다워요. 한국과 일본 등에 분포하는 꽃나무예요.

※ 코스모 자수 실 25번을 사용하고, 별다른 지시가 없으면 '3가닥'으로 수놓습니다. ※ '5번'은 코스모 자수 실 5번을 가리킵니다. ※리본은 3.5mm 목의 자수용 리본을 사용합니다.

Autumn

154 카우베리
Cowberry

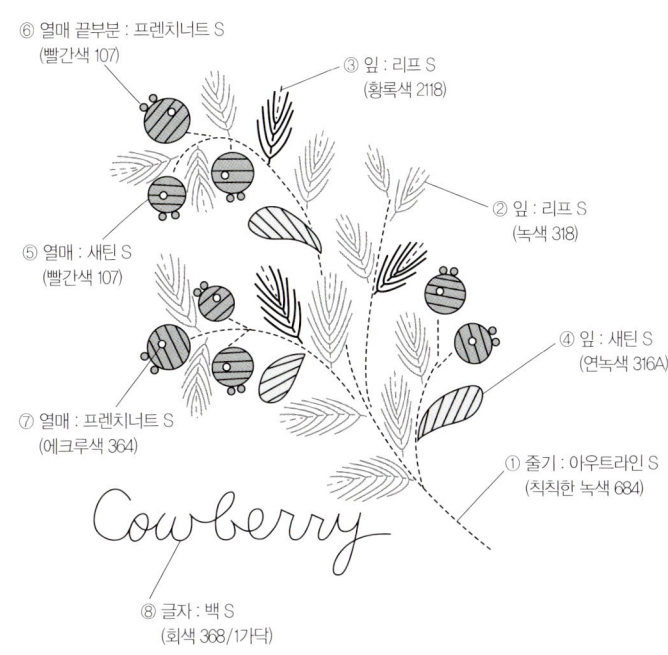

⑥ 열매 끝부분 : 프렌치너트 S
(빨간색 107)

③ 잎 : 리프 S
(황록색 2118)

② 잎 : 리프 S
(녹색 318)

⑤ 열매 : 새틴 S
(빨간색 107)

④ 잎 : 새틴 S
(연녹색 316A)

⑦ 열매 : 프렌치너트 S
(에크루색 364)

① 줄기 : 아우트라인 S
(직칙한 녹색 684)

⑧ 글자 : 백 S
(회색 368/1가닥)

스웨덴에서는 '링건베리'라고 부르며, 상록성의 작은 잎과 빨간 열매는 텍스타일 패턴으로 자주 등장합니다. 식사할 때 미트볼에는 꼭 카우베리 소스가 곁들여져 있습니다.

155 펜타스
Pentas

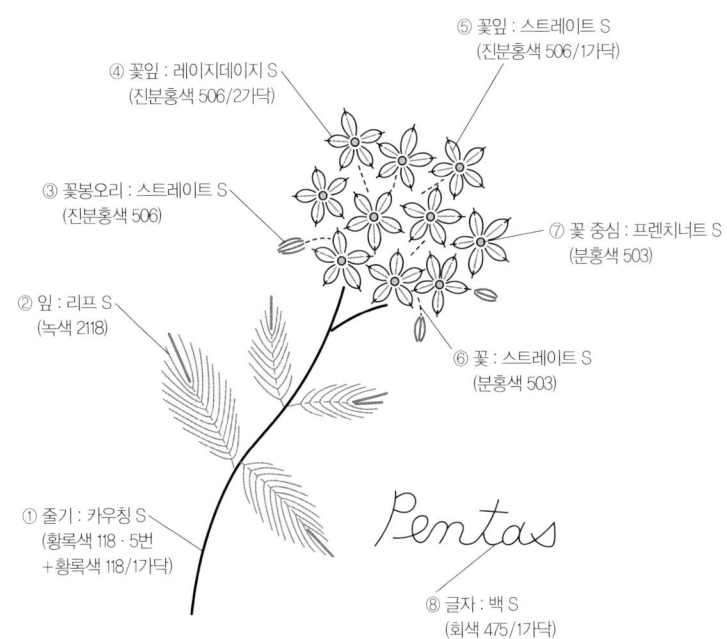

⑤ 꽃잎 : 스트레이트 S
(진분홍색 506/1가닥)

④ 꽃잎 : 레이지데이지 S
(진분홍색 506/2가닥)

③ 꽃봉오리 : 스트레이트 S
(진분홍색 506)

⑦ 꽃 중심 : 프렌치너트 S
(분홍색 503)

② 잎 : 리프 S
(녹색 2118)

⑥ 꽃 : 스트레이트 S
(분홍색 503)

① 줄기 : 카우칭 S
(황록색 118 · 5번
+황록색 118/1가닥)

⑧ 글자 : 백 S
(회색 475/1가닥)

씨앗을 뿌려서 재배한 적은 없지만. 여름 화단에 무언가 하나 추가하고 싶을 때에는 원예점에서 펜타스를 고릅니다. 작은 별 모양의 꽃이 빽빽이 모여서 핍니다. 가을이 끝날 때까지 계속 즐길 수 있습니다.

가을

※ 등장하는 꽃 이름은 영명 · 국명 · 학명 · 속명 · 별칭 등을 사용했습니다.

Autumn

156 초코베리
Chocoberry

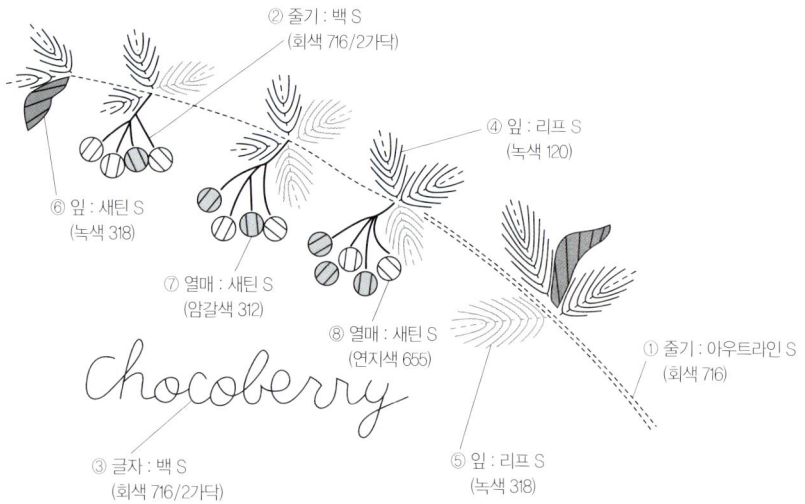

② 줄기 : 백 S
(회색 716/2가닥)

④ 잎 : 리프 S
(녹색 120)

⑥ 잎 : 새틴 S
(녹색 318)

⑦ 열매 : 새틴 S
(암갈색 312)

⑧ 열매 : 새틴 S
(연지색 655)

① 줄기 : 아우트라인 S
(회색 716)

③ 글자 : 백 S
(회색 716/2가닥)

⑤ 잎 : 리프 S
(녹색 318)

초코베리는 플라워 어레인지먼트를 배우면서 처음 알게 되었습니다. 초콜릿색 열매가 달린 가지를 잘라 나누어 꽃과 매치하면, 열매가 풍성하게 열리는 가을을 표현할 수 있어요.

157 거베라
Gerbera

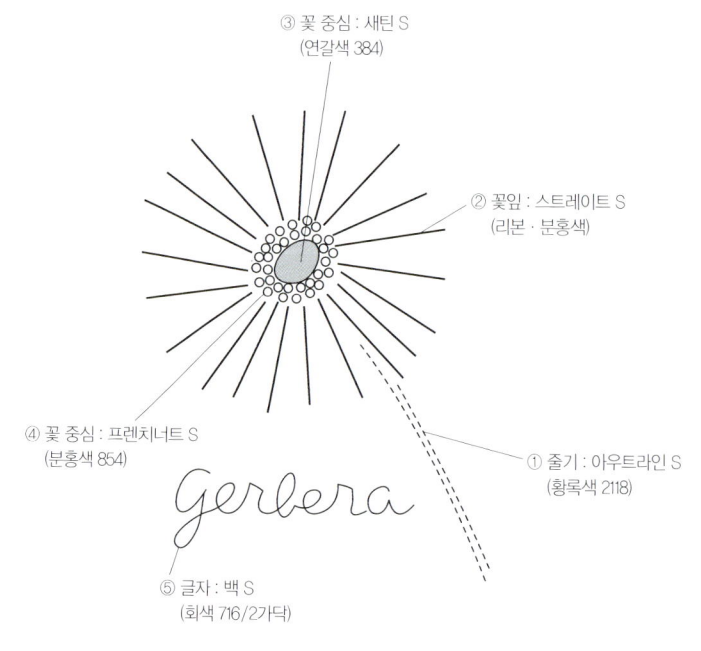

③ 꽃 중심 : 새틴 S
(연갈색 384)

② 꽃잎 : 스트레이트 S
(리본 · 분홍색)

④ 꽃 중심 : 프렌치너트 S
(분홍색 854)

① 줄기 : 아우트라인 S
(황록색 2118)

⑤ 글자 : 백 S
(회색 716/2가닥)

거베라는 수를 놓기 쉬운 꽃 중 하나예요. 꽃 중심과 그 주변의 꽃잎을 수놓으면 금방 완성할 수 있는데, 리본을 사용하면 간단히 꽃잎의 분위기를 낼 수 있어요. 꽃 중심의 색깔이 밝은지 어두운지에 따라 이미지가 확 달라 보여요.

※ 코스모 자수 실 25번을 사용하고, 별다른 지시가 없으면 '3가닥'으로 수놓습니다. ※ 리본은 3.5mm 폭의 자수용 리본을 사용합니다.

158 백일홍
Zinnia

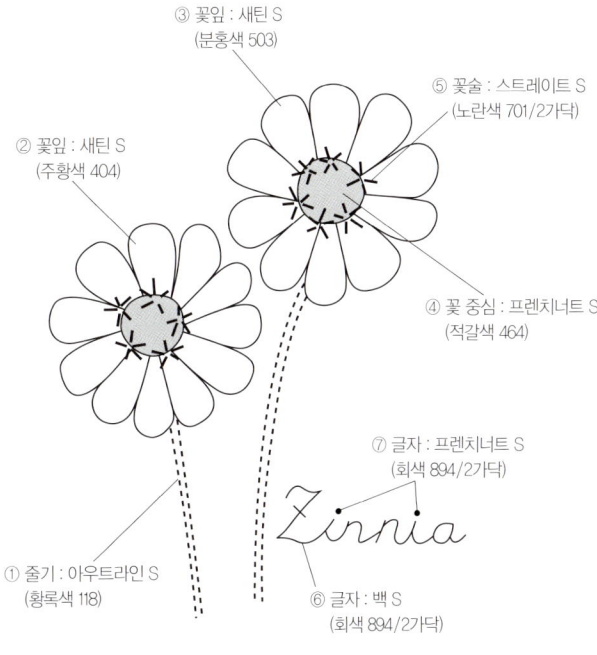

③ 꽃잎 : 새틴 S (분홍색 503)
② 꽃잎 : 새틴 S (주황색 404)
⑤ 꽃술 : 스트레이트 S (노란색 701/2가닥)
④ 꽃 중심 : 프렌치너트 S (적갈색 464)
⑦ 글자 : 프렌치너트 S (회색 894/2가닥)
① 줄기 : 아웃트라인 S (황록색 118)
⑥ 글자 : 백 S (회색 894/2가닥)

'지니아'라고도 부르는 백일홍은 묘지에 바치는 절화 이미지가 강하지만 분홍색, 주황색, 빨간색 등 조금씩 다른 색깔이 어우러져 독특한 조화를 이룹니다. 중심의 꽃술 둘레에 작은 꽃이 피어 있는데, 이처럼 꽃 안에 꽃이 있는 모습을 보면 자연이 만든 작품은 재밌다는 생각이 듭니다.

159 히페리쿰
Hypericum

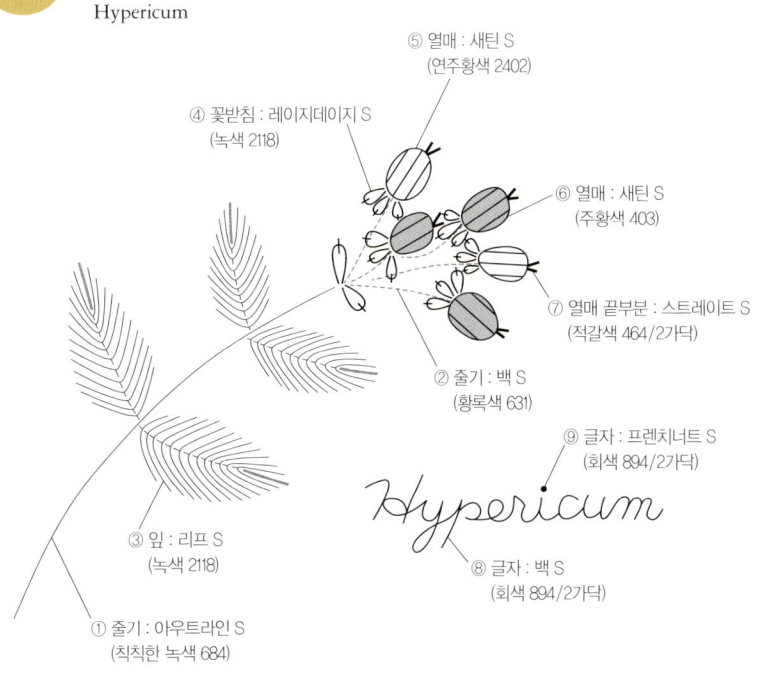

⑤ 열매 : 새틴 S (연주황색 2402)
④ 꽃받침 : 레이지데이지 S (녹색 2118)
⑥ 열매 : 새틴 S (주황색 403)
⑦ 열매 끝부분 : 스트레이트 S (적갈색 464/2가닥)
② 줄기 : 백 S (황록색 631)
⑨ 글자 : 프렌치너트 S (회색 894/2가닥)
③ 잎 : 리프 S (녹색 2118)
⑧ 글자 : 백 S (회색 894/2가닥)
① 줄기 : 아웃트라인 S (칙칙한 녹색 684)

히페리쿰은 정원에 심기보다는 플라워 어레인지먼트의 열매 소재로 많이 사용됩니다. 플라워 어레인지먼트를 하고 남은 줄기로 꺾꽂이를 했더니 쉽게 뿌리를 내렸습니다. 겨우 10㎝ 정도였는데 꽃이 피고 금방 열매를 맺었답니다.

Autumn

160 섬개야광나무
Cotoneaster

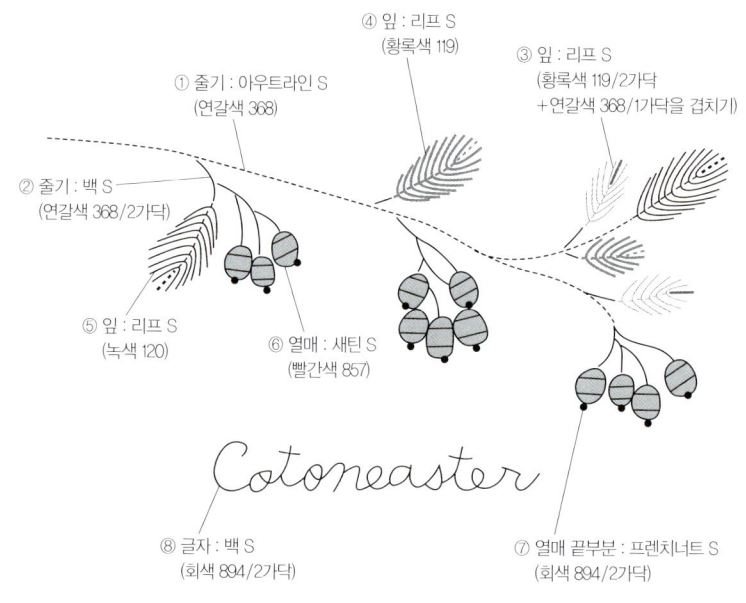

가을은 단풍이 들고 열매가 열리는 나무가 있어 즐거워요. 꽃과는 또 다른 사랑스러움과 풍요로움이 있지요. 크리스마스 리스를 만들 무렵이면 열매가 열리는 나무를 정원에 더 심고 싶어져요. 섬개야광나무도 그중 하나로, 가지를 둥글게 구부리기만 하면 빨간 열매가 달린 리스가 돼요.

161 애미시스트 세이지
Amethyst sage

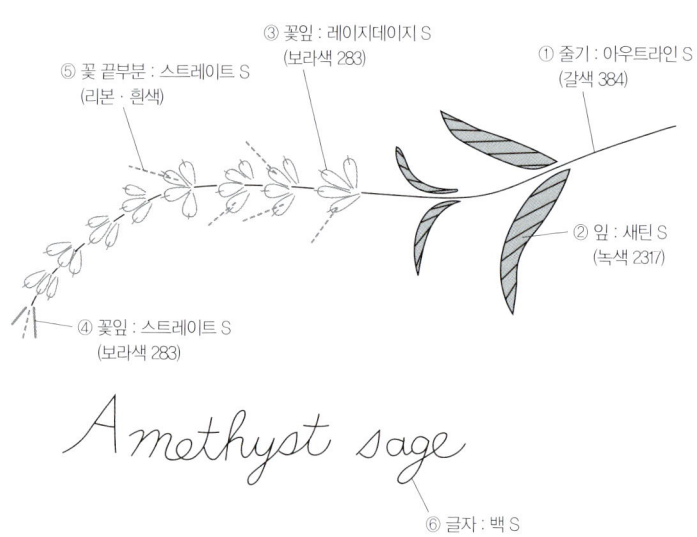

꽃이삭이 부드러운 플란넬로 뒤덮인 듯한 대형 세이지입니다. 질감도 개성적이지만 꽃이 적어지는 늦가을에 꽃철을 맞이하므로 무척 눈에 띕니다.

※ 코스모 자수 실 25번을 사용하고, 별다른 지시가 없으면 '3가닥'으로 수놓습니다. ※ 리본은 3.5㎜ 폭의 자수용 리본을 사용합니다.

Autumn

162 다알리아 (분홍색)
Dahlia

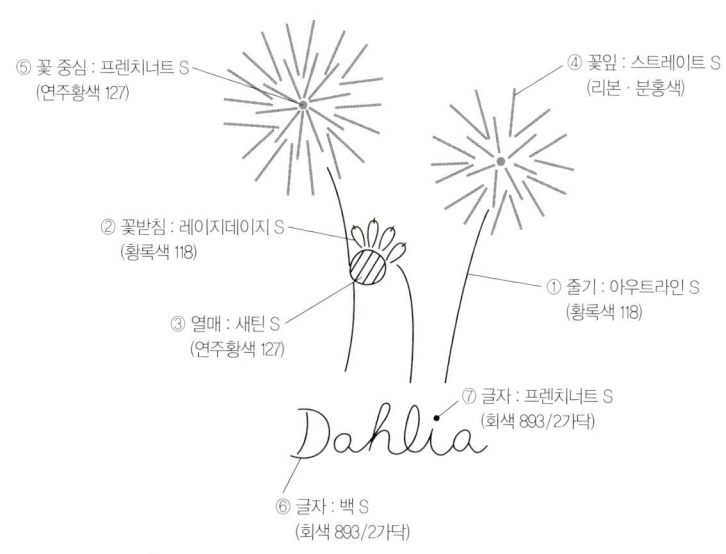

요즘에는 잎 색깔이 어둡고 꽃이 산뜻한 가든 다알리아가 자주 눈에 띄어요. 다알리아는 크기와 색깔 그리고 모양이 다채로워서 그 이름을 보는 것만으로도 재미있어요. 틀림없이 생산자의 마음이 담겨 있어서 그렇겠지요.

⑤ 꽃 중심 : 프렌치너트 S (연주황색 127)
④ 꽃잎 : 스트레이트 S (리본·분홍색)
② 꽃받침 : 레이지데이지 S (황록색 118)
① 줄기 : 아웃트라인 S (황록색 118)
③ 열매 : 새틴 S (연주황색 127)
⑦ 글자 : 프렌치너트 S (회색 893/2가닥)
⑥ 글자 : 백 S (회색 893/2가닥)

163 개머루 (b)
Wild grape

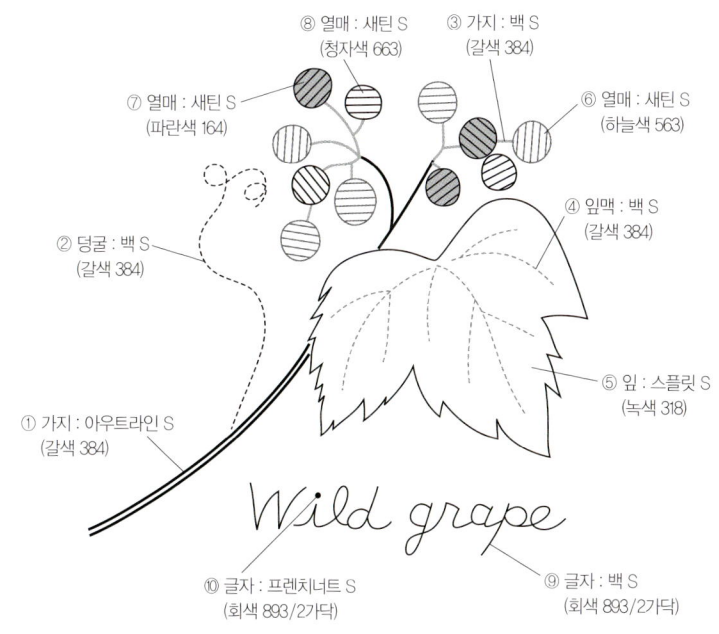

개머루는 가을이 되면 들과 길가에서 볼 수 있고, 열매 색깔이 아름답습니다. 먹을 수는 없지만 대리석 같은 열매가 달린 가지는 내추럴한 플라워 어레인지먼트에도 쓰입니다. 녹색, 보라색, 파란색, 흰색 등으로 색깔을 바꾸면서 익어 갑니다.

⑧ 열매 : 새틴 S (청자색 663)
③ 가지 : 백 S (갈색 384)
⑦ 열매 : 새틴 S (파란색 164)
⑥ 열매 : 새틴 S (하늘색 563)
② 덩굴 : 백 S (갈색 384)
④ 잎맥 : 백 S (갈색 384)
⑤ 잎 : 스플릿 S (녹색 318)
① 가지 : 아웃트라인 S (갈색 384)
⑩ 글자 : 프렌치너트 S (회색 893/2가닥)
⑨ 글자 : 백 S (회색 893/2가닥)

※ 각 계절마다 작품이 제작된 순으로 도안을 실었습니다. 색깔이나 스티치를 달리해서 같은 꽃이 중복해 등장하는 경우가 있습니다.

Autumn

164 유파토리움
Eupatorium

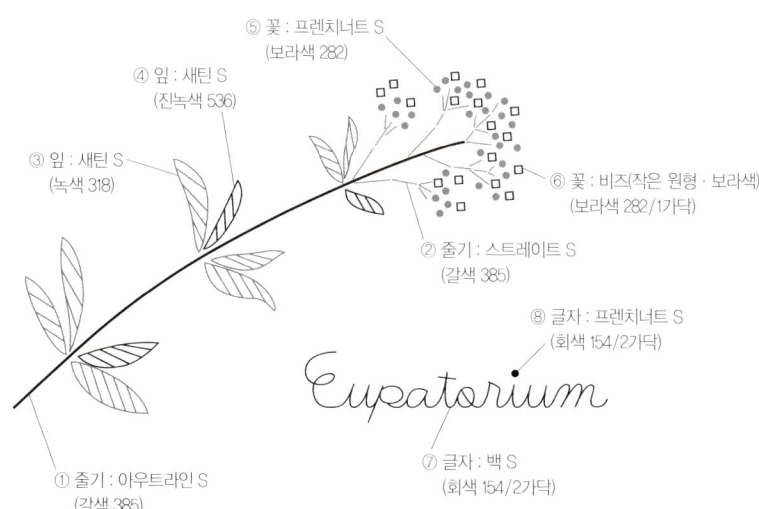

⑤ 꽃 : 프렌치노트 S (보라색 282)
④ 잎 : 새틴 S (진녹색 536)
③ 잎 : 새틴 S (녹색 318)
⑥ 꽃 : 비즈(작은 원형·보라색) (보라색 282/1가닥)
② 줄기 : 스트레이트 S (갈색 385)
⑧ 글자 : 프렌치노트 S (회색 154/2가닥)
① 줄기 : 아우트라인 S (갈색 385)
⑦ 글자 : 백 S (회색 154/2가닥)

가을을 대표하는 화초의 하나인 등골나물과 같은 무리에 속합니다. 꽃이 적어지는 계절에 피는 부드러운 분위기의 꽃입니다. 보라색 계열 외에 파란색과 흰색 꽃도 있습니다. 유파토리움 초콜릿은 다갈색의 줄기와 잎 그리고 흰색 꽃이 매력입니다. 어느 꽃에도 꿀벌이 찾아옵니다.

165 가자니아
Gazania

⑧ 꽃 중심 : 프렌치노트 S (주황색 403)
⑦ 꽃잎 무늬 : 스트레이트 S (갈색 311)
⑥ 꽃잎 : 스트레이트 S (리본·주황색)
② 꽃봉오리 : 레이지데이지 S (연녹색 534)
⑤ 줄기 : 카우칭 S (연녹색 534·5번 +연녹색 534/1가닥)
③ 꽃받침 : 스트레이트 S (연녹색 534)
④ 잎 : 레이지데이지 S (녹색 318)
① 줄기 : 백 S (연녹색 534)
⑨ 글자 : 백 S (회색 894/2가닥)

은빛을 띠는 녹색 잎과 노란색, 주황색, 분홍색 등의 큰 꽃이 매력입니다. 지나치게 훌륭해서 사용하기 어려울 거라 생각했는데, 크림색과 노란색으로 정원을 구성한 어떤 분이 능숙하게 사용하시더라고요. 가자니아는 어떻게 쓰느냐에 따라 튼튼하고 강한 아군이 되는 식물이에요.

※ 코스모 자수 실 25번을 사용하고, 별다른 지시가 없으면 '3가닥'으로 수놓습니다. ※ '5번'은 코스모 자수 실 5번을 가리킵니다. ※ 리본은 3.5mm 폭의 자수용 리본을 사용합니다.

Autumn

166 패랭이꽃
Dianthus

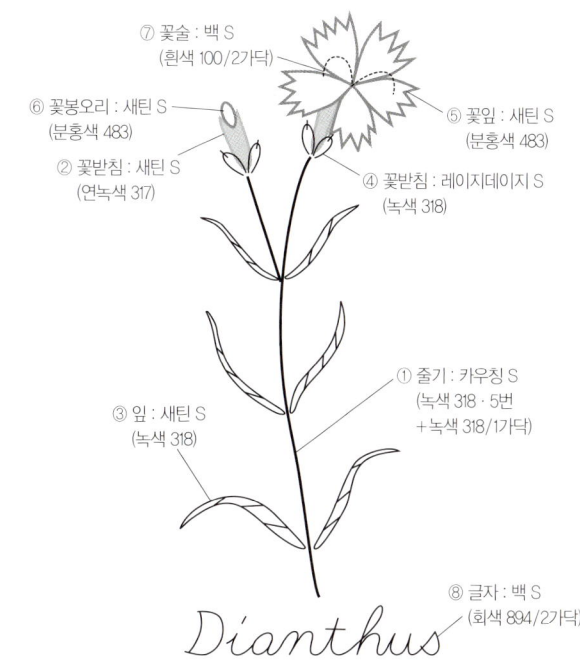

⑦ 꽃술 : 백 S
(흰색 100/2가닥)

⑥ 꽃봉오리 : 새틴 S
(분홍색 483)

② 꽃받침 : 새틴 S
(연녹색 317)

⑤ 꽃잎 : 새틴 S
(분홍색 483)

④ 꽃받침 : 레이지데이지 S
(녹색 318)

① 줄기 : 카우칭 S
(녹색 318 · 5번
+녹색 318/1가닥)

③ 잎 : 새틴 S
(녹색 318)

⑧ 글자 : 백 S
(회색 894/2가닥)

이 꽃의 일본명은 '나데시코'입니다. 일본의 옛 이름인 '야마토'를 앞에 붙여서 청초하고 우아한 일본 여성을 가리켜 '야마토 나데시코'라고 불렀지만, 지금은 일본 여자 축구 대표팀의 이름이 되었습니다.

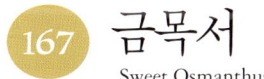

167 금목서
Sweet Osmanthus

③ 잎 : 리프 S
(녹색 119)

② 줄기 : 백 S
(녹색 119/2가닥)

④ 잎 : 리프 S
(진녹색 635A)

⑤ 꽃잎 : 레이지데이지 S
(연주황색 402/2가닥
+주황색 2402/1가닥을 겹치기)

① 줄기 : 아우트라인 S
(갈색 368)

⑦ 글자 : 프렌치너트 S
(회색 894/1가닥)

⑥ 글자 : 백 S
(회색 894/1가닥)

10월 어느 날 금목서의 달콤한 향이 섞인 썰렁한 공기가 감돌면 가을임을 느낍니다. 크게 자라는 상록수로, 주택지의 정원에 많이 심습니다. 설탕 과자 같은 자그만 주황색 꽃을 보면 매년 무언가에 쓸지 생각하게 됩니다.

가을

※등장하는 꽃 이름은 영명 · 국명 · 학명 · 속명 · 별칭 등을 사용했습니다.

Autumn

168 스노우베리
Snowberry

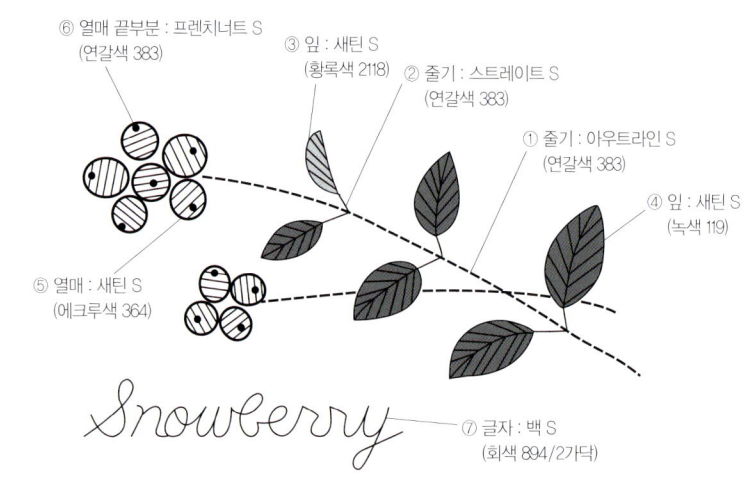

⑥ 열매 끝부분 : 프렌치너트 S (연갈색 383)
③ 잎 : 새틴 S (황록색 2118)
② 줄기 : 스트레이트 S (연갈색 383)
① 줄기 : 아우트라인 S (연갈색 383)
④ 잎 : 새틴 S (녹색 119)
⑤ 열매 : 새틴 S (에크루색 364)
⑦ 글자 : 백 S (회색 894/2가닥)

원예점에서 판매하는 화초 중에는 다른 나라의 들꽃이 있는 경우가 있어요. 런던 교외의 전철 안에서 선로 가장자리에 스노우베리와 은선담쟁이덩굴이 무성하게 나 있는 광경을 보았답니다. 10월 즈음이었기 때문에 마침 흰색 열매가 달려 있었어요.

169 천일홍
Amaranth

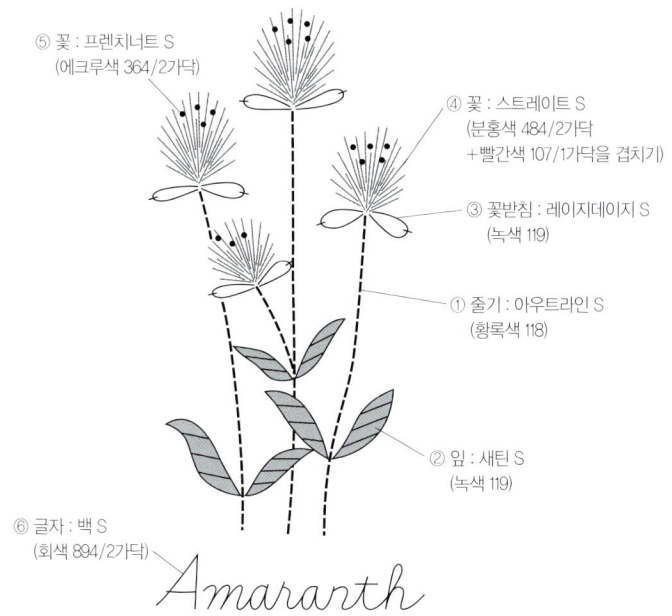

⑤ 꽃 : 프렌치너트 S (에크루색 364/2가닥)
④ 꽃 : 스트레이트 S (분홍색 484/2가닥 + 빨간색 107/1가닥을 겹치기)
③ 꽃받침 : 레이지데이지 S (녹색 119)
① 줄기 : 아우트라인 S (황록색 118)
② 잎 : 새틴 S (녹색 119)
⑥ 글자 : 백 S (회색 894/2가닥)

천일홍은 오랫동안 심어 보지도 않고 꺼리던 꽃이었습니다. 초가을에 꽃이 적어져서 난감하던 차에 심었더니, 서리가 내릴 때까지 계속 피어 주었어요. 올해에는 씨앗을 뿌려서 길렀답니다. 가까운 곳에도 아직 만남이 있는 법이네요.

※ 코스모 자수 실 25번을 사용하고, 별다른 지시가 없으면 '3가닥'으로 수놓습니다. ※ 리본은 3.5mm 폭의 자수용 리본을 사용합니다.

Autumn

170 대상화
Japanese anemone

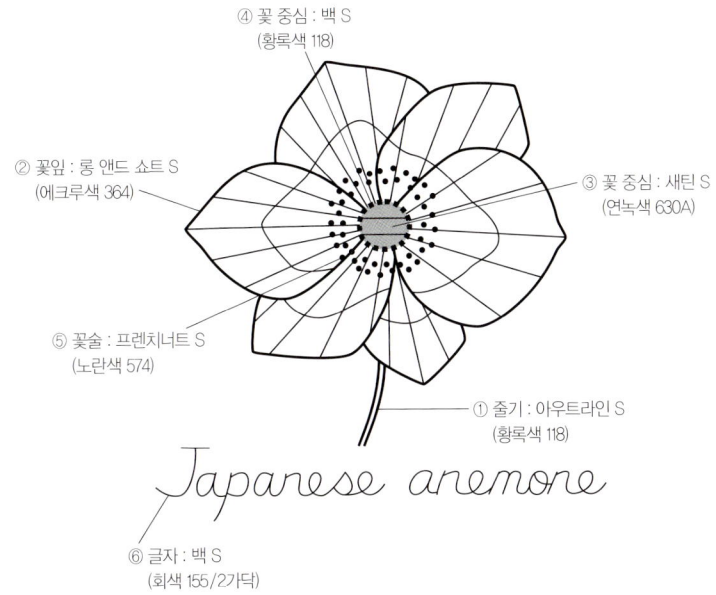

④ 꽃 중심 : 백 S
(황록색 118)

② 꽃잎 : 롱 앤드 쇼트 S
(에크루색 364)

③ 꽃 중심 : 새틴 S
(연녹색 630A)

⑤ 꽃술 : 프렌치너트 S
(노란색 574)

① 줄기 : 아웃라인 S
(황록색 118)

⑥ 글자 : 백 S
(회색 155/2가닥)

'일본 아네모네'라고도 부르며 해외에서도 인기 있는 꽃입니다. 오래전에 중국에서 일본으로 전해져서 키우기 까다롭지 않고, 매년 초가을부터 피기 시작합니다. 꽃이 진 뒤에 둥근 공처럼 변한 모습도 사랑스러워서 씨앗이 생겨서 퍼질 때까지 즐길 수 있습니다.

171 크로웨아
Crowea

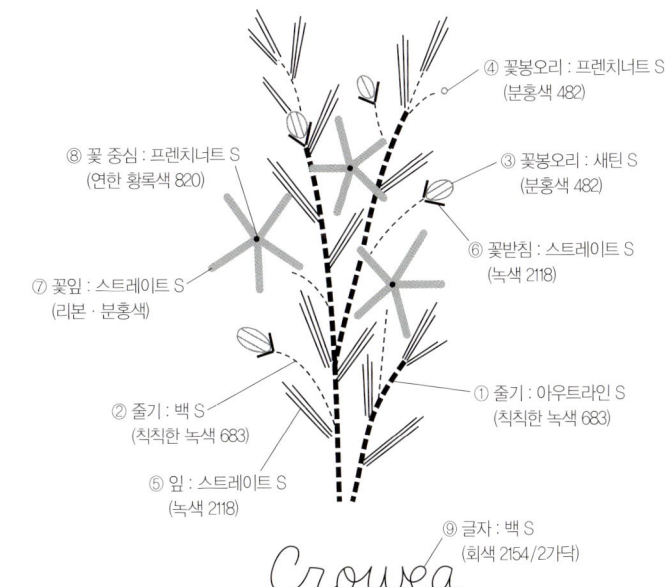

④ 꽃봉오리 : 프렌치너트 S
(분홍색 482)

⑧ 꽃 중심 : 프렌치너트 S
(연한 황록색 820)

③ 꽃봉오리 : 새틴 S
(분홍색 482)

⑥ 꽃받침 : 스트레이트 S
(녹색 2118)

⑦ 꽃잎 : 스트레이트 S
(리본·분홍색)

① 줄기 : 아웃라인 S
(칙칙한 녹색 683)

② 줄기 : 백 S
(칙칙한 녹색 683)

⑤ 잎 : 스트레이트 S
(녹색 2118)

⑨ 글자 : 백 S
(회색 2154/2가닥)

별칭은 남십자성을 뜻하는 '서던 크로스'입니다. 별 모양의 작은 꽃이 잇달아 피는 모습에서 수많은 별이 서던 크로스가 된 것이겠지요. 학명이나 관용명이 아니라 유통명인 모양입니다.

가을

※ 등장하는 꽃 이름은 영명·국명·학명·속명·별칭 등을 사용했습니다.

Autumn

172 이와샤진
Adenophora

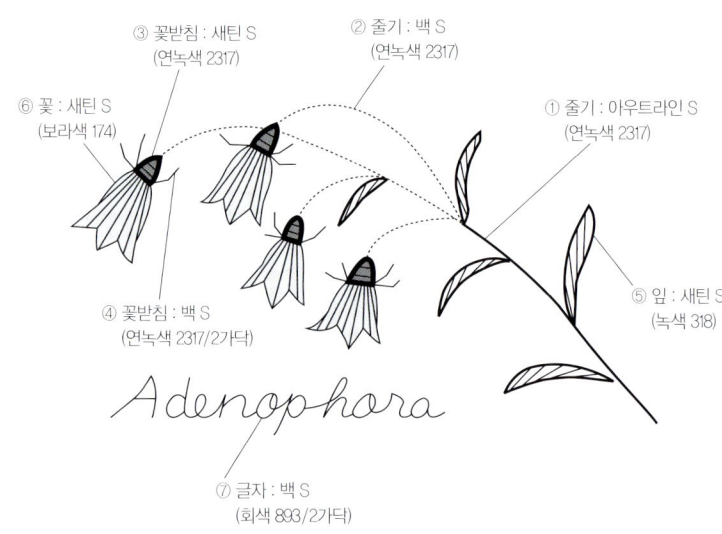

일본 원산의 식물로, 자생지보다 원예점의 산야초 코너에서 일반적으로 볼 수 있습니다. 쭉 뻗은 섬세한 줄기 끝에 피는 종 모양의 둥그런 꽃은 꽃 애호가의 마음을 사로잡습니다. 같은 무리에 속하는 잔대는 더 대중적이며, 자연이 남아 있는 마을의 산과 들에서 볼 수 있습니다.

173 꽃담배
Nicotiana

수년 전에 씨앗을 뿌려서 기른 '니코티아나 그란디플로라'입니다. 해마다 땅에 씨앗을 퍼뜨려서 여기저기서 꽃을 피웁니다. 이 흰색의 대형 꽃담배는 그늘 정원에서 꽃을 피게 하면 그 모습이 한층 더 돋보입니다.

※코스모 자수 실 25번을 사용하고, 별다른 지시가 없으면 '3가닥'으로 수놓습니다. ※리본은 3.5㎜ 폭의 자수용 리본을 사용합니다.

겨울

Winter

추위에 지지 않고 늠름히 아름답게 피는 꽃은 성숙한 여성을 닮았어요. 한 땀 한 땀 스티치를 되풀이하면서 꽃과 같이 봄을 기다려요.

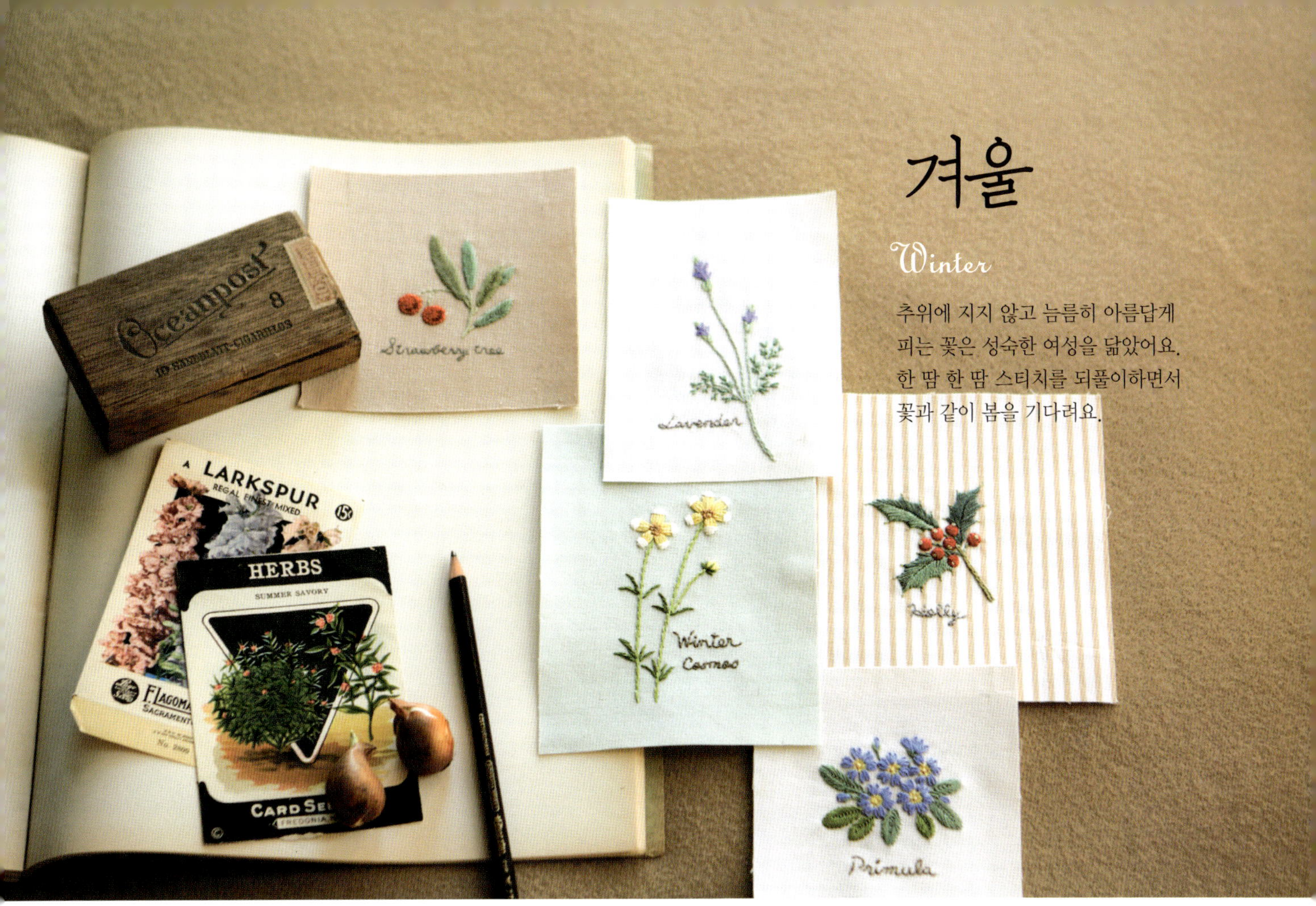

174 크랜베리
Cranberry

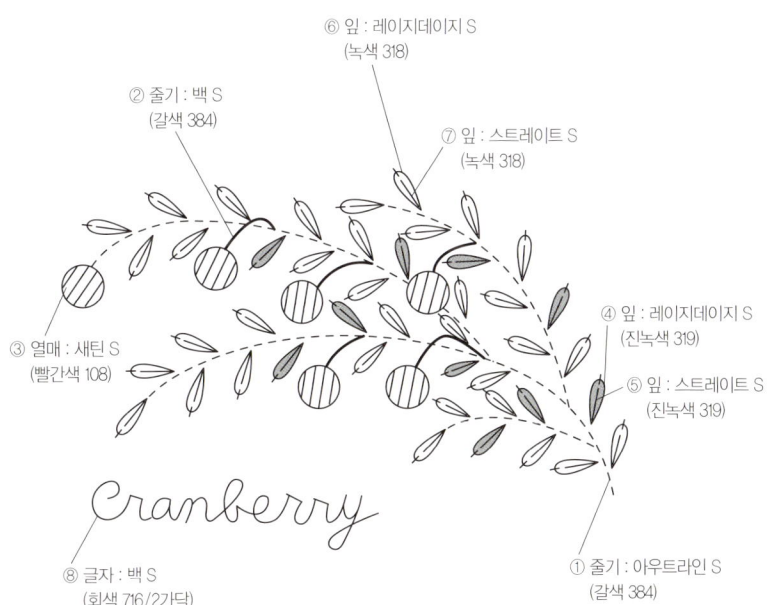

② 줄기 : 백 S (갈색 384)

⑥ 잎 : 레이지데이지 S (녹색 318)

⑦ 잎 : 스트레이트 S (녹색 318)

③ 열매 : 새틴 S (빨간색 108)

④ 잎 : 레이지데이지 S (진녹색 319)

⑤ 잎 : 스트레이트 S (진녹색 319)

⑧ 글자 : 백 S (회색 716/2가닥)

① 줄기 : 아웃트라인 S (갈색 384)

가을

겨울

'덩굴월귤'이라고도 부릅니다. 그대로 먹기보다 잼이나 주스로 만들거나, 소스의 재료로 사용해 요리에 곁들입니다. 겨울 정원을 장식해 주는 몇 안 되는 식물로, 포인트가 되어 줍니다.

※ 각 계절마다 작품이 제작된 순으로 도안을 실었습니다. 색깔이나 스티치를 달리해서 같은 꽃이 중복해 등장하는 경우가 있습니다.

Winter

175 유리옵스 데이지
Grey-leaved Euryops

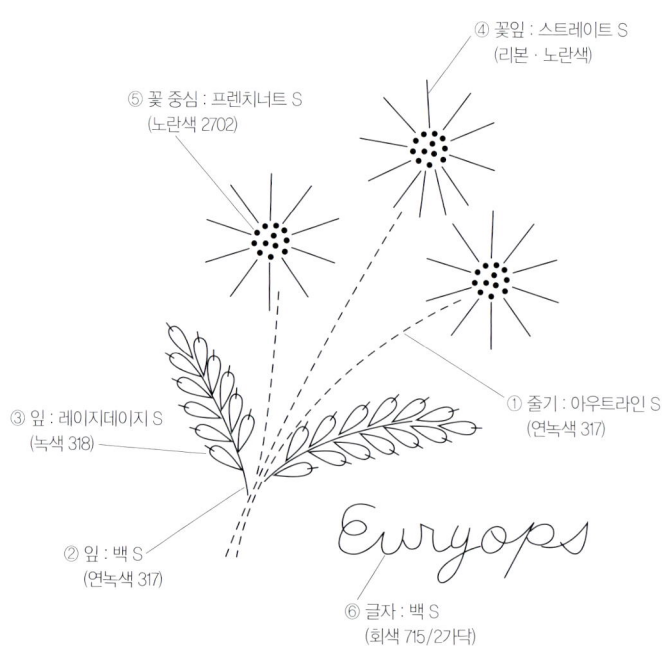

④ 꽃잎 : 스트레이트 S
(리본 · 노란색)

⑤ 꽃 중심 : 프렌치너트 S
(노란색 2702)

③ 잎 : 레이지데이지 S
(녹색 318)

① 줄기 : 아웃트라인 S
(연녹색 317)

② 잎 : 백 S
(연녹색 317)

⑥ 글자 : 백 S
(회색 715/2가닥)

거의 1년 내내 피는 튼튼한 꽃입니다. 꽃 색깔이 선명한 노란색인데도 부드러운 분위기를 풍기는 이유는 자잘한 톱니가 있는 은빛 잎과 실처럼 가는 꽃줄기 때문일 겁니다.

176 레이스 라벤더
Lace Lavender

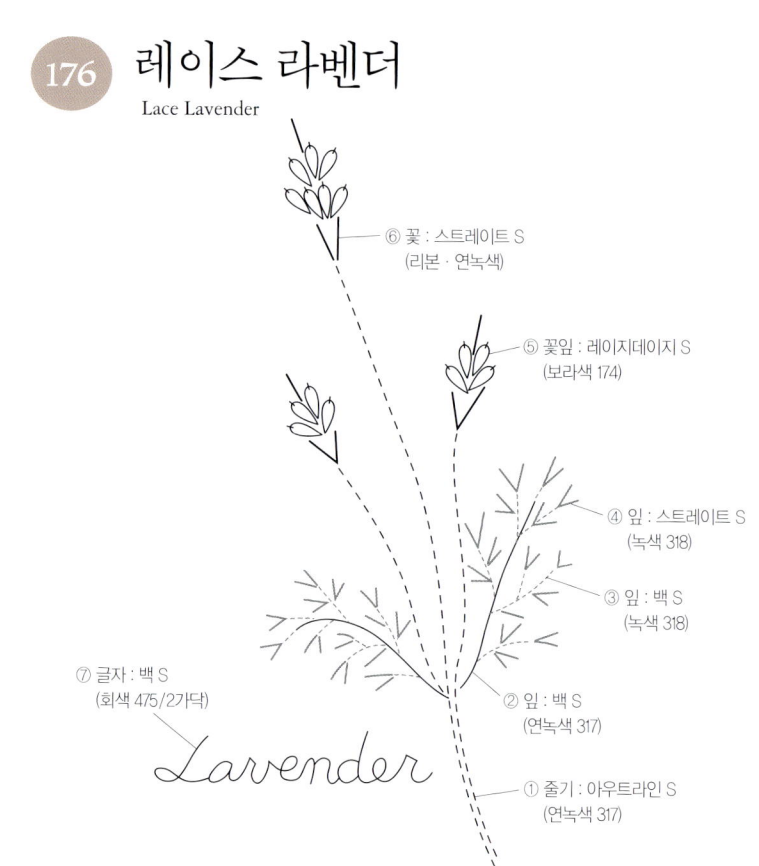

⑥ 꽃 : 스트레이트 S
(리본 · 연녹색)

⑤ 꽃잎 : 레이지데이지 S
(보라색 174)

④ 잎 : 스트레이트 S
(녹색 318)

③ 잎 : 백 S
(녹색 318)

② 잎 : 백 S
(연녹색 317)

⑦ 글자 : 백 S
(회색 475/2가닥)

① 줄기 : 아웃트라인 S
(연녹색 317)

은빛의 섬세한 잎이 아름다운 레이스 라벤더입니다. 가을에서 겨울에 걸쳐 꽃집에 진열되고, 서리를 맞지 않으면 꽃이 계속 피어 있어요.

※ 코스모 자수 실 25번을 사용하고, 별다른 지시가 없으면 '3가닥'으로 수놓습니다. ※ 리본은 3.5㎜ 폭의 자수용 리본을 사용합니다.

Winter

177 윈터 코스모스 (a)
Winter Cosmos

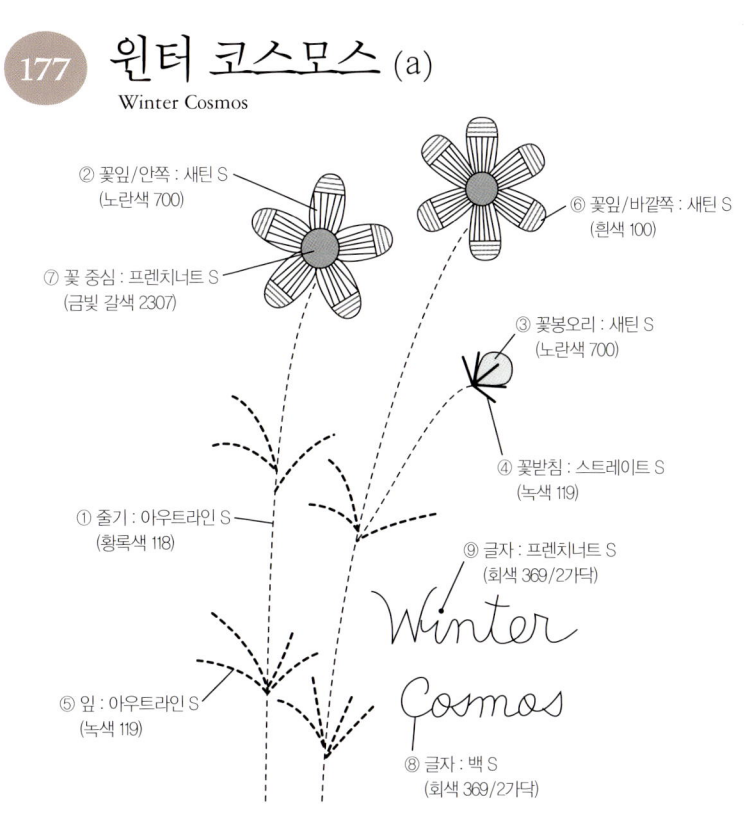

② 꽃잎/안쪽 : 새틴 S
(노란색 700)

⑥ 꽃잎/바깥쪽 : 새틴 S
(흰색 100)

⑦ 꽃 중심 : 프렌치너트 S
(금빛 갈색 2307)

③ 꽃봉오리 : 새틴 S
(노란색 700)

④ 꽃받침 : 스트레이트 S
(녹색 119)

① 줄기 : 아웃라인 S
(황록색 118)

⑨ 글자 : 프렌치너트 S
(회색 369/2가닥)

⑤ 잎 : 아웃라인 S
(녹색 119)

⑧ 글자 : 백 S
(회색 369/2가닥)

가을에서 겨울에 걸쳐 정원을 밝게 꾸며 주는 꽃 가운데 하나예요. 꽃잎 끝이 약간 흰 종류예요. 서리가 내릴 때까지 씩씩하게 피어 있어요.

178 에리카
Erica

④ 꽃잎 : 레이지데이지 S
(분홍색 222)

② 줄기 : 백 S
(연갈색 383)

③ 잎 : 스트레이트 S
(녹색 318)

⑥ 글자 : 프렌치너트 S
(회색 368/2가닥)

① 줄기 : 아웃라인 S
(연갈색 383)

⑤ 글씨 : 백 S
(회색 368/2가닥)

《폭풍의 언덕》에 피어 있던 꽃은 에리카였어요. 소설에서는 황야를 뜻하는 '히스', 북유럽에서는 '융'이라고 불러요. 자생종은 매우 작은 분홍색 꽃이에요.

겨울

※등장하는 꽃 이름은 영명·국명·학명·속명·별칭 등을 사용했습니다.

Winter

179 크리스마스로즈 (분홍색)
Helleborus

③ 꽃잎 : 아우트라인 S
(분홍색 2222)

⑥ 꽃봉오리 : 새틴 S
(진분홍색 815)

⑤ 꽃 중심 : 프렌치너트 S
(에크루색 364)

② 잎 : 새틴 S
(녹색 318)

④ 꽃 중심 : 백 S
(황록색 2117)

① 줄기 : 카우칭 S
(연녹색 317 · 5번
+ 연녹색 317/1가닥)

⑦ 글자 : 백 S
(회색 368/2가닥)

다른 꽃이 잠드는 계절에 통통한 꽃봉오리가 맺히는 크리스마스로즈는 겨울 정원의 주연입니다. 몇 개월이나 느긋이 즐길 수 있는 꽃이기도 합니다.

180 옥살리스
Oxalis

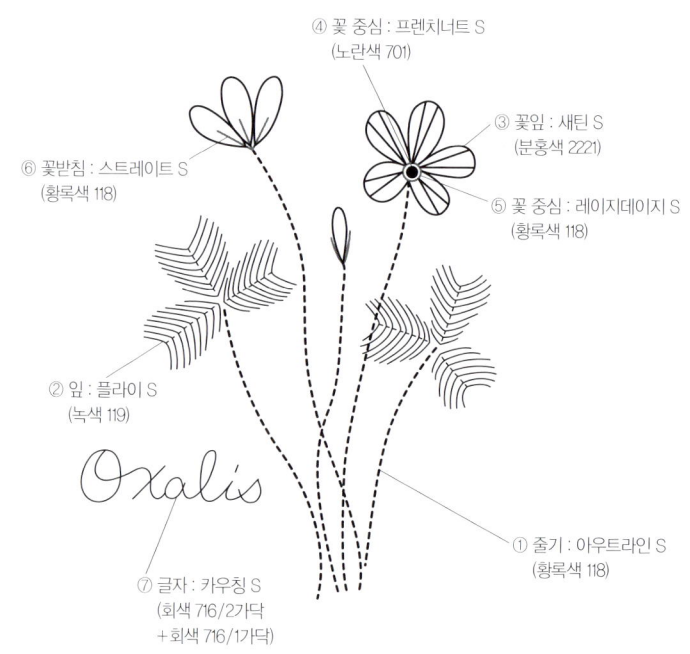

④ 꽃 중심 : 프렌치너트 S
(노란색 701)

⑥ 꽃받침 : 스트레이트 S
(황록색 118)

③ 꽃잎 : 새틴 S
(분홍색 2221)

⑤ 꽃 중심 : 레이지데이지 S
(황록색 118)

② 잎 : 플라이 S
(녹색 119)

① 줄기 : 아우트라인 S
(황록색 118)

⑦ 글자 : 카우칭 S
(회색 716/2가닥
+ 회색 716/1가닥)

옥살리스는 잔디밭의 잡초, 노란색 꽃이 피는 괭이밥이라는 인상이 강해서 꽃으로 즐기기에는 조금 부족하다고 생각했어요. 하지만 대형 옥살리스 중에 꽃뿐만 아니라 잎도 예쁜 종류가 많음을 알게 되면서 다시 보게 되었답니다.

※ 코스모 자수 실 25번을 사용하고, 별다른 지시가 없으면 '3가닥'으로 수놓습니다. ※ '5번'은 코스모 자수 실 5번을 가리킵니다.

Winter

181 프리뮬러
Primula

④ 꽃받침 : 스트레이트 S
(녹색 318)

⑥ 꽃잎 : 스트레이트 S
(노란색 701)

⑤ 꽃잎 : 레이지데이지 S
(청자색 2663)

⑦ 꽃 중심 : 프렌치너트 S
(노란색 701)

③ 꽃받침 : 플라이 S
(녹색 318)

② 잎 : 리프 S
(녹색 318)

① 잎 : 리프 S
(황록색 2118)

⑨ 글자 : 프렌치너트 S
(회색 716/2가닥)

⑧ 글자 : 백 S
(회색 716/2가닥)

초봄의 정원에 프리뮬러가 피면 정원이 환하게 밝아집니다. 꽃집에 가면 가게 앞에 수많은 종류가 진열되어 있어 고르는 데 한참이 걸리지만, 결국 늘 파란색이나 노란색을 사 옵니다. 이 두 가지 색깔이 봄을 느끼게 해서 그럴까요?

182 팬지
Pansy

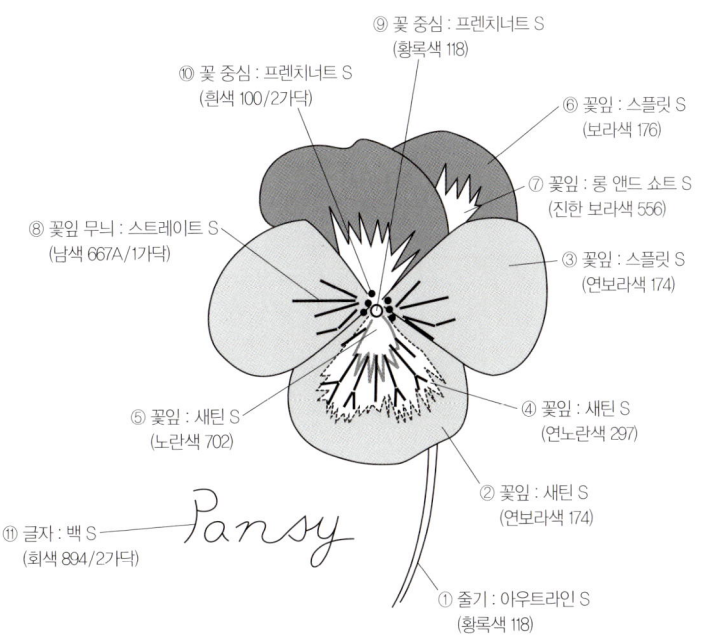

⑨ 꽃 중심 : 프렌치너트 S
(황록색 118)

⑩ 꽃 중심 : 프렌치너트 S
(흰색 100/2가닥)

⑥ 꽃잎 : 스플릿 S
(보라색 176)

⑦ 꽃잎 : 롱 앤드 쇼트 S
(진한 보라색 556)

⑧ 꽃잎 무늬 : 스트레이트 S
(남색 667A/1가닥)

③ 꽃잎 : 스플릿 S
(연보라색 174)

⑤ 꽃잎 : 새틴 S
(노란색 702)

④ 꽃잎 : 새틴 S
(연노란색 297)

② 꽃잎 : 새틴 S
(연보라색 174)

⑪ 글자 : 백 S
(회색 894/2가닥)

① 줄기 : 아우트라인 S
(황록색 118)

봄꽃 이미지가 강한 팬지는 겨울에서 봄까지 늘 인기가 높습니다. 원예 붐으로 품종 개량과 교배가 이루어져 색깔과 형태가 다양해지고, 가을부터 피거나 오래 피는 등 원래 특징까지 바뀐 종류가 등장했습니다. 매년 어떤 팬지를 고를지가 고민이기도 하고 즐거움이기도 합니다.

※등장하는 꽃 이름은 영명·국명·학명·속명·별칭 등을 사용했습니다.

Winter

183 호랑가시나무
Holly

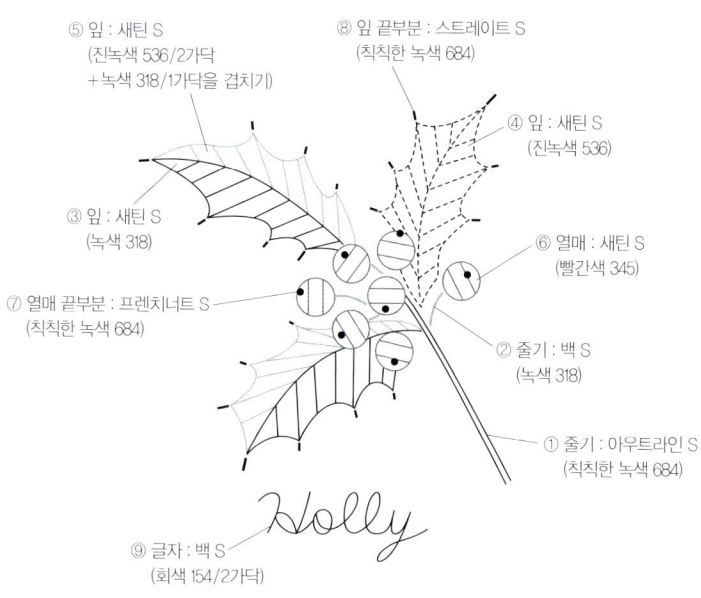

⑤ 잎 : 새틴 S
(진녹색 536/2가닥
+녹색 318/1가닥을 겹치기)

⑧ 잎 끝부분 : 스트레이트 S
(칙칙한 녹색 684)

④ 잎 : 새틴 S
(진녹색 536)

③ 잎 : 새틴 S
(녹색 318)

⑥ 열매 : 새틴 S
(빨간색 345)

⑦ 열매 끝부분 : 프렌치너트 S
(칙칙한 녹색 684)

② 줄기 : 백 S
(녹색 318)

① 줄기 : 아우트라인 S
(칙칙한 녹색 684)

⑨ 글자 : 백 S
(회색 154/2가닥)

12월이 되면 로즈 힙과 정원에 심은 상록수의 잎으로 리스를 만들어요. 침엽수와 월계수, 올리브, 로즈메리 등을 사용하지요. 그리고 거기에 호랑가시나무 잎을 더하면 한층 더 크리스마스 분위기가 납니다. 흰 반점이 들어간 호랑가시나무도 리스를 돋보이게 하는 데 효과적이에요.

184 윈터 코스모스 (b)
Winter Cosmos

③ 꽃잎 : 새틴 S
(흰색 100)

⑤ 꽃 중심 : 프렌치너트 S
(진한 노란색 702)

④ 꽃잎 : 새틴 S
(노란색 299)

⑥ 꽃 중심 : 프렌치너트 S
(회색 894/1가닥)

⑧ 꽃받침 : 스트레이트 S
(녹색 2118)

① 줄기 : 아우트라인 S
(황록색 2117)

② 줄기 : 백 S
(황록색 2117)

⑦ 잎 : 아우트라인 S
(녹색 2118)

⑩ 글자 : 프렌치너트 S
(회색 894/1가닥)

⑨ 글자 : 백 S
(회색 894/1가닥)

초가을부터 서리가 내릴 때까지 계속 피어 있는 꽃으로 부드러운 노란색이 인상적입니다. 파란색 계열의 꽃이 많은 제 정원에 꼭 필요한 포인트로, 쭉 뻗은 줄기 끝에 하늘하늘하게 핍니다.

※ 코스모 자수 실 25번을 사용하고, 별다른 지시가 없으면 '3가닥'으로 수놓습니다.

Winter

185 크리스마스로즈 (흰색)
Helleborus

아직 겹꽃형과 꽃 색깔이 선명한 포기를 구하기 어려웠을 무렵, 전문 묘목장에서 마음에 든 꽃을 골라 정원에 심었습니다. 얼마간 길러 보니 얼굴(꽃)보다 스타일(꽃이 피는 자태)이 예쁜 아이가 정원에서는 두드러진다는 것을 알게 되어서, 개성적인 꽃은 화분에 심어 즐기게 되었답니다.

186 스트로베리트리
Strawberry tree

스트로베리트리는 진달래과로, 단풍철쭉을 꼭 닮은 흰색 종 모양의 꽃이 핍니다. 열매는 1년 뒤에 익으므로 같은 나무에 빨간 열매와 흰 꽃이 함께 달린 모습을 볼 수 있습니다. 신맛이 나는 빨간 열매는 먹을 수 있습니다. 새를 불러 모으기 위해 다음에 심고 싶은 나무 중 하나랍니다.

Winter

187 파란토끼풀
Blue clover

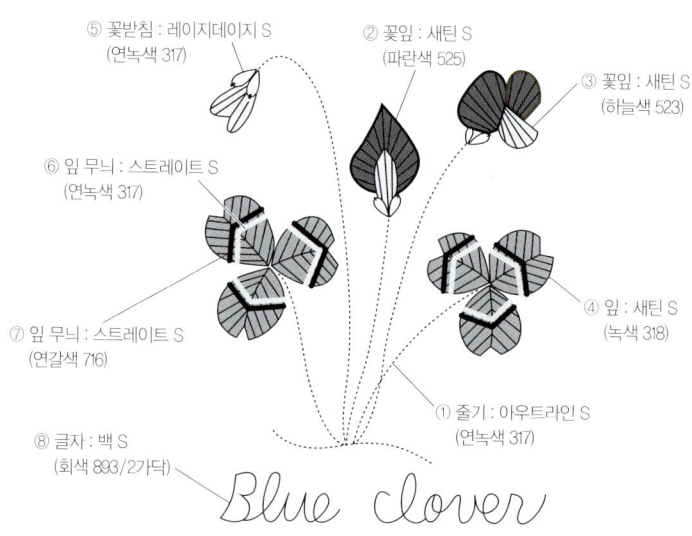

⑤ 꽃받침 : 레이지데이지 S (연녹색 317)
② 꽃잎 : 새틴 S (파란색 525)
③ 꽃잎 : 새틴 S (하늘색 523)
⑥ 잎 무늬 : 스트레이트 S (연녹색 317)
④ 잎 : 새틴 S (녹색 318)
⑦ 잎 무늬 : 스트레이트 S (연갈색 716)
① 줄기 : 아우트라인 S (연녹색 317)
⑧ 글자 : 백 S (회색 893/2가닥)

파란색 꽃 중에서도 파란토끼풀은 그 이름대로 빛나는 듯한 파란색 꽃입니다. 한순간에 시선을 끄는 색깔의 작은 꽃은 컨테이너에서 울창하게 길러 가까이에서 즐기고 싶어요.

※ 코스모 자수 실 25번을 사용하고, 별다른 지시가 없으면 '3가닥'으로 수놓습니다.

자수의 기본
준비물

'뭘 준비하면 되지?' 이런 고민을 하는 초심자에게는 물론이고, 경험자가 복습하기에도 유용한 자수의 기본과 이 책에서 사용하는 스티치를 놓는 법을 사진과 일러스트로 알기 쉽게 정리했습니다. 그럼 이제 여러분도 여기서부터 자수를 시작해 볼까요?

재료와 도구 *Materials & Tools*

A. 천
면직물이나 리넨 등 원하는 천에 수놓습니다. 무지 이외에도 줄무늬, 체크무늬, 물방울무늬 등을 자수와 매치하는 재미도 즐겨 보세요.

B. 자수틀
천을 팽팽하게 펴면 자수를 놓기 쉬워집니다.

C. 접착심
다리미로 붙일 수 있는 타입을 사용합니다. 천 안면에 붙여서 팽팽하게 합니다.

D. 철필
도안을 덧그려서 천에 옮길 때 사용합니다. 볼펜으로도 대신할 수 있습니다.

E. 트레이싱페이퍼
도안을 베낄 때 사용합니다.

F. 원단용 복사지
물로 지워지는 단면 타입을 사용합니다. 천 위에 겹쳐 도안을 옮깁니다. 색깔은 튀어 보이지 않는 회색을 권합니다.

G. 자수 바늘
자수 실에는 프랑스 자수 바늘을 사용합니다. 실 가닥수나 굵기에 맞는 호수를 골라 사용합니다. 리본, 비즈에는 각각의 전용 바늘이 있습니다.

H. 자수용 리본
3.5mm 폭의 자수용 리본을 사용합니다.

I. 비즈
소형 또는 대형 둥근 비즈를 사용합니다.

J. 자수 실(25번)
이 책에서는 코스모(COSMO) 자수 실을 사용했습니다.

K. 자수 실(5번)
1가닥 그대로 사용하는 굵은 실입니다. 이 책에서는 코스모 자수 실을 사용했습니다.

L. 실 자르는 가위
자수 실을 자르는 데 사용합니다.

M. 재단 가위
천이나 접착심을 자르는 데 사용합니다.

자수의 기본 　예쁘게 수놓는 포인트

자수 준비

【접착심을 붙인다】

천 안면에 다리미로 접착심을 붙입니다. 다리미를 밀지 말고 눌러서 사용합니다.

【도안을 베낀다】

책의 도안 위에 트레이싱페이퍼를 겹쳐 도안을 베낍니다. 스티치 위에 겹쳐 수놓는 부분 등 자잘한 도안은 생략해도 상관없습니다.

천, 복사지, 도안을 베낀 트레이싱페이퍼 순으로 겹치고 철필로 도안을 덧그립니다. 맨 위에 셀로판지를 겹치면 종이가 찢어지지 않습니다.(움직이지 않게 시침핀으로 고정)

천에 도안을 베꼈습니다. 연한 부분은 초크 펜슬 등으로 보충합니다.

【자수틀에 끼운다】

도안이 자수틀 중심에 오게 안쪽 틀 위에 천을 겹치고, 바깥쪽 틀을 끼웁니다.

나사를 조입니다.

자수 면이 팽팽해지도록 천 가장자리를 당겨서 정돈합니다.

자수 실 다루는 법

【실을 준비한다】

  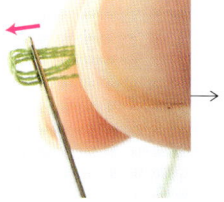 

자수 실을 빼낸 뒤 자릅니다. 수놓기 쉬운 길이는 50~60cm입니다.

25번 자수 실은 가는 실 6가닥이 꼬여 있어 1가닥씩 조심히 빼내고, 필요한 가닥수만큼 합쳐서 사용합니다. 3가닥이 필요하면 1가닥씩 3번 빼내서 합친 뒤 바늘에 꿰웁니다. 책에서는 다른 색깔 실을 섞어서도 사용합니다. 5번 자수 실은 1가닥 그대로 사용합니다.

실 끝을 바늘 머리(바늘귀 쪽)에 대서 2겹으로 접고①, 겹친 부분을 손가락으로 눌러 납작하게 만든 뒤 바늘을 빼냅니다②.

실이 겹친 부분을 바늘귀에 밀어 넣어 꿰웁니다.

실 3가닥을 바늘귀에 꿰웠습니다.

【시작 쪽 실 정리(매듭짓는 법)】

실 끝을 바늘 끝으로 누르고, 바늘 끝에 실을 2번 정도 감습니다.

감은 부분을 손가락으로 단단히 누른 채 바늘을 빼서 실을 당기면 매듭이 지어집니다.

【끝 쪽 실 정리】

천 안면에 걸친 실에 바늘을 끼워서 만든 고리에 실을 통과시킵니다. 매듭을 지어도 상관없습니다.

실을 당겨서 조인 뒤 천 안면에 걸친 실을 여러 땀 뜨고 나서 자르면, 실 끝이 눈에 띄지 않고 깔끔하게 마무리됩니다.

자수용 리본 다루는 법

【바늘에 리본을 꿴다】

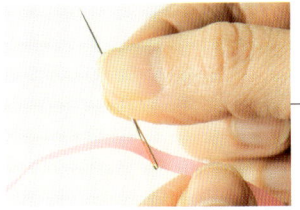 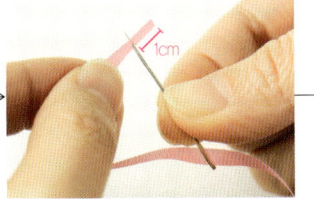 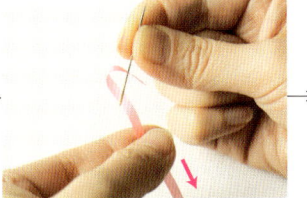 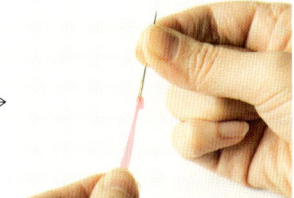

40cm 정도로 자른 리본을 바늘귀에 꿰웁니다. 바늘에 꿴 리본 끝에서 1cm 정도 떨어진 곳에 바늘을 꽂습니다. 바늘 끝을 잡고 긴 쪽의 리본을 당깁니다. 이렇게 리본을 꿰면 리본이 단단히 고정됩니다.

【시작 쪽 리본 정리(매듭짓는 법)】

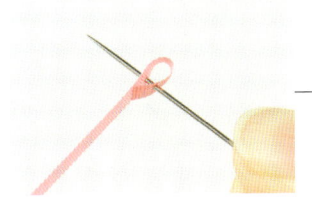  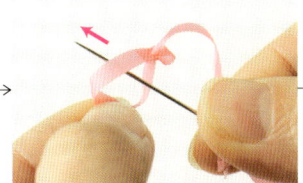 

리본 끝을 2겹으로 접고 중심에 바늘을 꽂습니다. 바늘을 빼내 고리를 만듭니다. 만든 고리에 바늘을 통과시킵니다. 리본을 당기면 매듭이 지어집니다.

【끝 쪽 리본 정리(매듭짓는 법)】

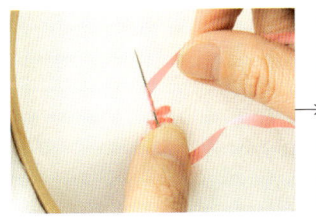 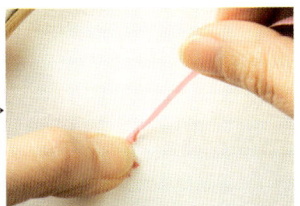

자수 실처럼 천 안면에서 바늘에 리본을 2번 정도 감습니다. 겉면의 스티치가 상하지 않게 주의하며 매듭 바로 밑을 단단히 누른 채 리본을 당깁니다.

Advice
아오키 카즈코의 어드바이스

1. 자수를 놓다가 실이 꼬이면 바늘을 돌려서 꼬임을 풉니다. 특히 면을 수놓아 메우는 스티치에서는 실의 광택이 달라집니다.

2. 줄기는 기본적으로 끝에서 밑동을 향해 일정 방향으로 수놓으면 자연스럽게 완성됩니다. 5번 자수 실의 카우칭 스티치는 고정 실의 간격을 너무 좁히지 않도록 합니다.

3. 잎을 수놓아 메울 때에는 잎끝에서 잎자루를 향해 수놓아 갑니다. 잎의 전체 모양을 의식하면서 스티치 각도를 조정해 수놓습니다. 도안에 스티치 방향의 기준이 되는 라인이 들어간 경우도 있습니다.

4. 꽃잎을 새틴 스티치나 롱 앤드 쇼트 스티치로 놓을 때에는 바깥에서 중심을 향해 수놓아 메웁니다. 리본도 똑같이 바깥에서 중심을 향해 수놓습니다.

5. 꽃잎이나 열매 등을 수놓아 메울 때에는 먼저 중심에서 왼쪽 끝까지 수놓은 뒤, 다시 중심에서 오른쪽 끝까지 수놓는 식으로 중심에서 좌우로 수놓아 가면 균형 잡힌 형태로 완성됩니다.

6. 꽃술이나 꽃받침과 같이 수놓은 스티치 위에서 수놓을 때에는 스티치가 파묻히지 않도록 봉긋하게 수놓습니다.

7. 리본은 꼬이기 쉬우므로 바늘을 꽂기 전에 꼬임을 풀어 둡니다. 또한 부드러움과 입체감을 잃지 않도록 리본을 너무 당기지 않으면서 통통하게 수놓습니다.

마무리하는 법

삐져나온 도안은 물을 적신 면봉으로 부드럽게 쓰다듬어 지웁니다. 자수를 다 놓고 나서 자수틀에 끼운 채 분무기로 물을 뿌린 뒤, 말려서 마무리합니다. 주름이 신경 쓰일 때에는 천 안면에서 다리미로 가볍게 다립니다.

자수의 기본 스티치 종류·수놓는 법

자수 실 스티치

Basic Stitch

스트레이트 스티치

1. ① 빼기 ② 넣기
①에서 바늘을 빼고 ②에 꽂아 빼낸다.

2. ③ 빼기 ④ 넣기
③에서 바늘을 빼고 ④에 꽂아 빼낸다. 이 과정을 반복한다.

프렌치너트 스티치

바늘에 실을 감는 횟수에 따라 스티치 크기를 바꿀 수 있다.

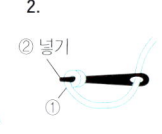
1. ① 빼기 ② 넣기
①에서 바늘을 빼고 바늘에 실을 1~3번 감는다.

2. ② 넣기
①의 옆쪽 ②에 바늘을 꽂는다.

3. 실을 당겨서 매듭을 조인다.
바늘을 꽂은 상태에서 실을 살짝 당기고, 감은 부분이 움직이지 않게 끔 바늘을 빼낸다.

백 스티치

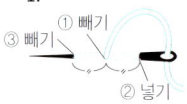
1. ① 빼기 ③ 빼기 ② 넣기
수놓는 방향 ←
①에서 바늘을 빼고 ②에 꽂는다. ①~②와 같은 간격이 되도록 ③에서 바늘을 뺀다.

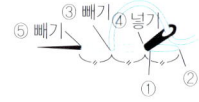
2. ⑤ 빼기 ④ 넣기 ① ②
④(①과 같은 구멍)에 바늘을 꽂고 ⑤로 뺀다. 실을 너무 당기지 않도록 주의하며 같은 간격으로 반복한다.

아웃트라인 스티치

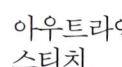
수놓는 방향 →

1. ① 빼기 ③ 빼기 ② 넣기
①에서 바늘을 뺀 뒤 실을 위쪽에 놓고 ②에서 ③으로 바늘을 뺀다.

2. ③ 빼기 ② ⑤ 빼기 ④ 넣기
같은 방법으로 ④에서 ⑤로 바늘을 뺀다. 이 과정을 반복한다.
실을 많이 겹치면 굵은 선을 수놓을 수 있다.

레이지데이지 스티치

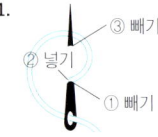
1. ③ 빼기 ② 넣기 ① 빼기
①에서 바늘을 뺀 뒤 ②(①과 같은 구멍)에서 ③으로 꽂는다. 실이 꼬이지 않게 주의하며 바늘에 건다.

2. ④ 넣기
바늘에 건 실을 가볍게 당기고 ③의 바로 위쪽 ④에 바늘을 꽂는다.

카우칭 스티치

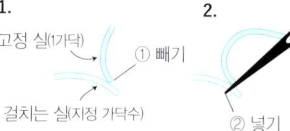
1. 고정 실(1가닥) ① 빼기
걸치는 실(지정 가닥수)
걸치는 실을 자수 시작 쪽의 선 위로 빼 놓고, 그 옆에서 고정 실을 뺀다.

2. ② 넣기
고정 실로 걸치는 실을 같은 간격으로 고정해 간다.

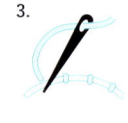
3. 마지막은 걸치는 실, 고정 실을 천 안면에서 정리한다.

플라이 스티치

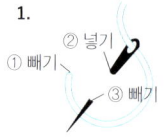
1. ② 넣기 ① 빼기 ③ 빼기
①에서 바늘을 빼고 ②에 꽂은 뒤 ③으로 뺀다. 실을 바늘에 걸고 바늘을 빼낸다.

2. ③ ④ 넣기
④에 바늘을 꽂는다. ③~④를 짧게 수놓는 경우도 있다.

리프 스티치

플라이 스티치를 반복하듯이 수놓는다.

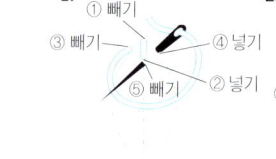
1. ① 빼기 ③ 빼기 ④ 넣기 ⑤ 빼기 ② 넣기
①에서 바늘을 빼고 ②에 꽂은 뒤 ③으로 뺀다. ④에 바늘을 꽂고 ⑤로 뺀다.

2. ⑤ 빼기 ⑦ 빼기 ⑥ 넣기
중심선 위쪽 ⑥에 바늘을 꽂고 ⑦로 뺀다.

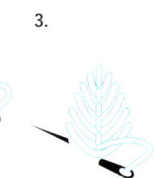
3. 같은 과정을 반복해 수놓는다.

스플릿 스티치

1. ① 빼기 ② 넣기
①에서 바늘을 빼고 ②에 넣는다.

2. ③ 빼기 ④ 넣기
조금 되돌아가서 바늘땀 사이의 ③에서 실을 가르듯이 바늘을 빼고 ④에 넣는다. 이 과정을 반복한다.

새틴 스티치

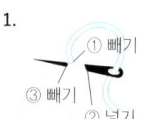
1. ① 빼기 ③ 빼기 ② 넣기
①에서 바늘을 뺀 뒤, 틈이 생기지 않게 ②에서 ①의 바로 옆쪽 ③으로 바늘을 뺀다.

2. ③ ⑤ 빼기 ④ 넣기
같은 방법으로 틈이 생기지 않게 ④에서 ⑤로 바늘을 뺀다.

3. 이 과정을 반복한다.

롱 앤드 쇼트 스티치

1. 도안의 바깥쪽에서부터 수놓기 시작해 길고 짧은 바늘땀을 반복한다.

2. 2단에서는 앞단의 실을 가르듯이 약간 겹쳐서 수놓으면, 틈이 생기지 않고 깔끔하게 수놓을 수 있다.

【 새틴 스티치 포인트 】

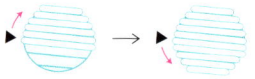
열매나 꽃잎 등은 중심에서 가장자리를 향해 수놓아 가면 균형 있게 완성된다.

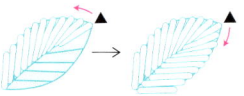
잎은 끝에서 잎자루를 향해 일정 방향으로 수놓아 가면 좋다.

※ '스파이더웹 로즈 스티치'는 119쪽의 '리본 스티치'에 있는 방법과 동일합니다. 리본을 자수 실로 바꿔서 수놓아 주세요.

리본 스티치

【 리본 자수 포인트 】

천 두께나 스티치에 따라 리본이 천에 잘 들어가지 않는 경우가 있다.
자수 부분을 가볍게 누르고 바늘을 좌우로 돌리면서 빼면 바늘이 잘 빠진다.

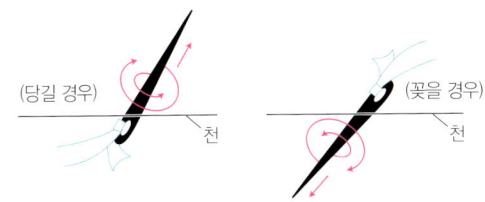

스트레이트 스티치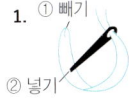

1. ① 빼기 ② 넣기
2.
①에서 뺀 리본을 평 평하게 펴고 그 중앙 에 바늘을 꽂는다.
천천히 리본을 당긴다.

레이지데이지 스티치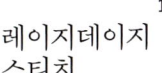

1. ② 넣기 ③ 빼기 ① 빼기
2. ④ 넣기

①에서 바늘을 뺀 뒤 ②(①과 같은 구멍) 에서 ③으로 꽂는다. 리본이 꼬이지 않 게 주의하며 바늘에 건다.

바늘에 건 리본을 가볍 게 당기고 ④에 바늘을 꽂는다. 전체를 가볍게 누르면서 바늘을 빼낸다.

프렌치너트 스티치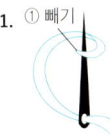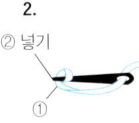

1. ① 빼기
2. ② 넣기
3.

①에서 바늘을 빼고 바늘에 리본을 감는다.
①의 옆쪽 ②에 바늘을 꽂는다.
바늘을 꽂은 상태에서 리본을 살짝 당기고, 전체를 가볍게 누르면 서 바늘을 빼낸다.

스파이더웹 로즈 스티치

1. ① 빼기 ② 넣기 ③ 빼기
2. ① ③ ⑤ 빼기 ④ 넣기
3. ⑥ 넣기
4. ⑦ 빼기 토대
5.

 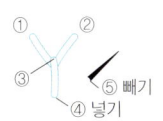 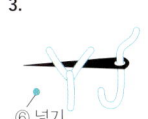 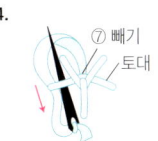 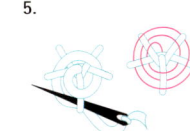

V자형으로 자수 실을 걸친다.
③의 바로 아래쪽 ④에 바늘을 꽂아 Y자형을 만든다.
Y자형의 위쪽에 실을 통과시 켜서 ⑥에 바늘을 꽂는다.(토대 가 3줄인 도안은 ⑤, ⑥ 생략)
⑦에서 리본을 뺀 다음. 바늘 끝을 잡고 1줄씩 걸러서 바늘 귀를 토대에 통과시켜 간다.
리본이 꼬이지 않게 송곳 등으 로 꼬임을 풀면서 번갈아 리본 을 통과시킨다. 토대가 보이지 않으면 완성.

개더 스티치

1. 자수 실(1가닥), 홈질, 0.3cm 정도, 25cm 정도, 리본
2. 3.5~4cm 주름을 잡는다.
3. 꿰매서 고정한다. 시침핀으로 고정한다.

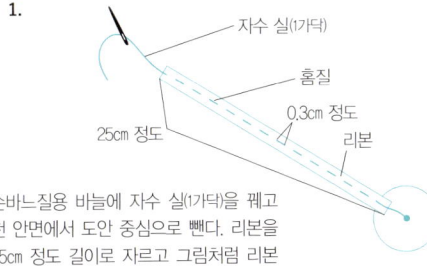 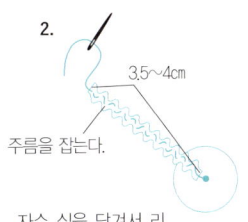 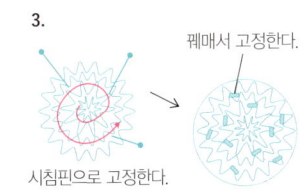

손바느질용 바늘에 자수 실(1가닥)을 꿰고 천 안면에서 도안 중심으로 뺀다. 리본을 25cm 정도 길이로 자르고 그림처럼 리본 중심을 홈질한다.
자수 실을 당겨서 리 본에 주름을 잡는다.
중심에서 바깥쪽을 향해 리본을 감고 시침 핀으로 고정한다. 같은 자수 실로 리본 아래 쪽을 군데군데 꿰매서 고정한다.

비즈 수놓는 법

【 1개씩 수놓을 때 】

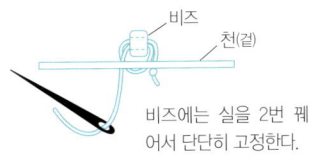

비즈, 천(겉)

비즈에는 실을 2번 꿰 어서 단단히 고정한다.

【 연속해 수놓을 때 】

1. 천 ② 넣기 비즈 ① 빼기 ③ 빼기
2. ④ 넣기

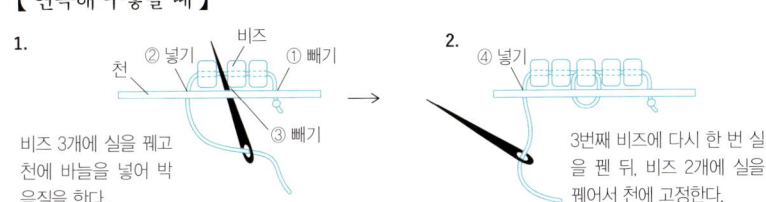

비즈 3개에 실을 꿰고 천에 바늘을 넣어 박 음질을 한다.
3번째 비즈에 다시 한 번 실 을 뺀 뒤, 비즈 2개에 실을 꿰어서 천에 고정한다.

119

Arrange

한 땀 한 땀 수놓는 자수만큼이나
다양하게 활용하는 재미도 각별해요.

Brooch
브로치
셔츠와 코트의 가슴에, 가방과 모자에
포인트를 줘 보세요. 하나만으로도
존재감이 있는 브로치는 플라워
어레인지먼트를 즐기듯이 여러 개를
달아도 화사해요.

Sewing box / Pin cushion
반짇고리 & 핀 쿠션
스트로베리 캔들에 꿀벌을 곁들인
사랑스러운 자수로 바구니를
재탄생시켰어요. 늘 곁에 두고 싶은,
마음에 쏙 드는 반짇고리를
손수 만들어 보세요.

Pouch
똑딱이 파우치

가방 안에 그냥 넣어 두기에는
너무 아까운 귀여운 꽃 파우치입니다.
보는 사람마다 "진짜 귀엽네요.
직접 만들었어요?"라고 묻겠지요.
오늘도 그렇게 즐거운 이야기꽃이 피어요.

Tapestry

태피스트리

손바닥만 한 작은 꽃 자수도 여러 개를
연결하면 대작이 됩니다. 정원이
없어도 바늘과 실을 쥔 그 손으로
계절과 화초와 자연을 사랑할 수 있음을
작은 꽃들이 가르쳐 주었답니다.

〈쿠츄리에〉 Couturier

'쿠츄리에(Couturier)'란 프랑스어로 고급 의상을 짓는 '재봉사'를 뜻합니다. 착용감이 좋은 주문 제작 의상처럼, 소소한 핸드메이드로 하루하루의 일상을 자신만의 스타일로 멋지게 꾸몄으면 하는 마음을 담아 새로운 수예의 형태를 '쿠츄리에'라고 이름 지었습니다. 쿠츄리에는 일본에서 월 1회 정기 배송하는 방식으로 '핸드메이드 키트'를 중심으로 수예 관련 상품을 판매합니다. 이를 통해 초심자부터 숙련자, 아이부터 노인까지 많은 분이 수예를 즐깁니다. 키트를 그대로 만들 뿐 아니라 부재료를 바꿔서 독자적인 아이디어로 오리지널 작품 만들기를 즐기는 분도 많아서, 이런 분들과 함께 생활을 풍요롭게 하는 수예 문화를 창조하고 있습니다.

편집 후기

세상에 식물을 모티프로 한 자수는 많지만, 자수 디자이너 아오키 카즈코 씨의 손에서 태어난 작품에는 화초의 싱싱함과 생명력이 강하게 느껴집니다. 그것은 아오키 씨가 매일 정원과 마주하면서 화초와 함께 살아가고 있기 때문입니다. 모티프의 특징을 파악하는 날카로운 관찰력과 그것을 형태로 표현하는 센스와 기술은 물론, 자연을 향한 애정이 작품에 배어 나온다고 생각합니다. 기본적인 스티치만 사용하는데 자수로 이 정도까지 표정이 풍부하게 식물들을 그려 낼 수 있다니! 이 감동을 더욱 많은 분에게 부담 없이 맛보게 하고 싶었어요. 이 손바닥 크기의 귀여운 자수는 그런 마음으로부터 태어났습니다.

2002년 어느 날 아오키 씨에게 "친근한 꽃과 나무 열매를 단숨에 스케치하듯이 수를 놓아서 작은 액자에 자연스럽게 장식할 수 있는 키트를 만들면 어떨까요?"라고 제안했습니다. 화초를 생기롭게 수놓는 아오키 씨의 작풍과 정원에서 꽃을 꺾어 오는 듯한 소탈함을 전하고 싶어서 '갓 딴 꽃과 나무 열매 샘플러 자수 액자 컬렉션'이라고 이름 짓고, 초심자를 대상으로 한 키트를 판매하기 시작했습니다. 작품 하나하나는 짧은 시간에 완성할 수 있지만, 그것이 여러 개 모이면 샘플러처럼 벽 한쪽 면이 꽃으로 가득 채워져 갤러리 같이 되겠지요! 그런 동경을 형태로 만드는 데에 매월 1회 키트를 보내는 훼리시모의 정기 배송 시스템도 제격이었습니다. 반년마다 예닐곱 가지의 디자인을 발표하다 보니 어느새 15년 이상 사랑받는 스테디셀러 시리즈로 성장해 있었습니다.

이 책은 그 꿈의 집대성이라고 할 수 있습니다. 기획에서부터 지금까지 15년에 걸쳐 제작한 작품 187점을 한자리에 모은 모습은 형형색색의 꽃으로 만든 부케 같기도 하고 갖가지 꽃이 만발한 내추럴 가든 같기도 한, 누구나가 행복한 기분이 드는 멋진 광경이었습니다. 또한 키트에서는 액자에 넣어 완성하는 형태였지만, 이 책에서는 자수 도안을 활용한 예시를 여럿 소개합니다. 이는 저희에게도 작은 자수 도안의 가능성을 재확인시켜 주는 기회가 되었습니다. 앞으로 자수를 수놓는 여러분의 손에서도 새록새록 새로운 매력이 생겨나겠지요. 같은 도안이라도 수놓는 사람의 개성에 따라 다른 멋이 느껴지는 것이 자수의 묘미입니다. 자신의 감성도 소중히 여기면서 느긋한 기분으로 자수를 즐겨 주세요. 아무쪼록 이 책이 당신의 세계를 넓히는 작은 씨앗이 되기를 바랍니다.

〈쿠츄리에〉 편집부

"자수를 막 시작한 분도 할 수 있는 작은 자수 키트를 만들어 봐요. 테마는 꽃과 나무 열매예요. 정원에서 갓 딴 꽃을 매월 하나씩 골라 주세요." 그렇게 시작한 기획은 〈쿠 츄리에〉에서 제안한 꽃과 제 정원의 꽃 중에서 계절에 어울리는 꽃을 선별해 자수 작품으로 만드는 일로 이어졌습니다. 그때부터 지금까지 당시 독신이던 플래너 분도 결혼해 출산 휴가를 2번 받을 만큼 오랜 시간이 흘렀습니다. 이렇게 오랫동안 시리즈를 계속할 수 있었던 이유는 플래너 분과 공통된 관심사인 장미와 원예에 대해 매번 열을 올리며 이야기를 나누면서 설레는 마음으로 함께 기획을 완성해 온 덕분입니다. 15년간 수놓은 187가지의 모티프를 다시 살펴보니, 지혜와 경험이 쌓이면서 조금씩 능숙해지고 세련되어져 가는 것을 실감할 수 있었어요. 뭐든지 꾸준히 해야 하나 봐요. 못하던 일도 결국 할 수 있게 되더라고요. 작은 사이즈 안에서 적은 스티치와 색깔로 최대의 효과를 거둘 수 있도록 여러모로 궁리했어요. 자수 도안을 그대로 사용해도 물론 좋고, 반복해 수놓거나 테마별로 모으거나 바탕천을 바꾸면 분위기가 확 달라져요. 꽃과 나무 열매의 본질이 담긴 이 책을 자수 스크랩북처럼 사용해 주신다면 참 기쁠 겁니다.

아오키 카즈코

아오키 카즈코 지음

자수 디자이너. 일본 무사시노미술대학 조형학부 공예공업디자인과를 졸업한 뒤 스웨덴에서 유학했습니다. 평범하게 생활하면서 자연스럽고 현대적인 디자인을 창조하는 스웨덴 디자이너들과의 만남이 현재의 생활과 원예, 자수 스타일을 만들었습니다. 자신의 작은 정원을 사랑하고, 화초를 기르고, 그곳에 찾아오는 곤충과 동물도 귀여워하며 그 모든 것을 자수로 표현합니다. 천을 캔버스 삼아 실과 천을 자유자재로 다루며 그림을 그리듯이 수놓은 작품은 많은 사람의 마음을 사로잡습니다. 의외의 소재를 작품에 살리는 것으로도 유명해 그 풍부한 발상과 독창성에 매료된 팬도 많습니다. 저서로는 《행복한 자수 여행》 시리즈와 《정원 꽃 자수》, 《정원 채소 자수》, 《아오키 카즈코의 스티치 라이프》, 《봄·여름·가을·겨울 자수 다이어리》, 《귀여운 자수 레시피 A to Z》, 《귀여운 자수 레시피 SEASONS》, 《행복한 자수 디자인》, 《행복한 장미 자수 디자인》 등이 있습니다.

배혜영 옮김

성신여자대학교 일어일문학과를 졸업했습니다. 출판사 편집자로 일하고 일본 어학연수 후 '바른번역 아카데미'의 일본어 번역가 과정을 수료했습니다. 지금은 출판번역 회사 '바른번역'의 회원으로 활동하고 있습니다. 옮긴 책으로는 《행복한 자수 여행》 시리즈와 《아오키 카즈코의 스티치 라이프》, 《귀여운 그림책 자수》, 《동화 속 이야기 자수》, 《꽃과 기하학무늬 자수》, 《1색과 여러 색 자수 500》, 《꽃과 귀여운 자수》, 《봄·여름·가을·겨울 자수 다이어리》, 《귀여운 자수 레시피 A to Z》, 《귀여운 자수 레시피 SEASONS》, 《행복한 장미 자수 디자인》, 《행복한 입체 자수 디자인》, 《귀여운 손뜨개 소품 레시피》 등이 있습니다.

봄·여름·가을·겨울
꽃자수 187

1쇄 - 2018년 5월 15일
5쇄 - 2022년 1월 5일
지은이 - 아오키 카즈코
옮긴이 - 배혜영
발행인 - 허진
발행처 - 진선출판사(주)
편집 - 김경미, 이미선, 권시은, 최윤선, 최지혜
디자인 - 고은정, 김은희
총무·마케팅 - 유재수, 나미영, 김수연, 허인화
주소 - 서울시 종로구 삼일대로 457 (경운동 88번지) 수운회관 15층
   전화 (02)720-5990 팩스 (02)739-2129
   홈페이지 www.jinsun.co.kr
등록 - 1975년 9월 3일 10-92

＊책값은 뒤표지에 있습니다.

ISBN 978-89-7221-562-2 13630

KISETSUNO OHANADE KURASHINI IRODORIWO 187 NO SISHU DESIGN by Kazuko Aoki
Copyright Kazuko Aoki, 2017
All rights reserved. Original Japanese edition published by FELISSIMO CORPORATION

Korean translation copyright 2018 by JINSUN PUBLISHING CO., LTD.
This Korean edition published by arrangement with FELISSIMO CORPORATION, Hyogo,
through HonnoKizuna, Inc., Tokyo, and Botong Agency

이 책의 한국어판 저작권은 Botong Agency를 통한 저작권자와의 독점 계약으로 진선출판사가 소유합니다.
신 저작권법에 의하여 한국 내에서 보호를 받는 저작물이므로 무단전재와 무단복제를 금합니다.